小语典

语文教育文库

语文教师的助手　语文启蒙的宝典

紫雨的文言课

小学课外文言文阅读指导与思考

周晓霞 _ 著

济南出版社

图书在版编目（CIP）数据

紫雨的文言课：小学课外文言文阅读指导与思考 / 周晓霞著. -- 济南：济南出版社，2025.1. -- ISBN 978-7-5488-7050-0

Ⅰ.G623.232

中国国家版本馆 CIP 数据核字第 2025BD6476 号

紫雨的文言课：小学课外文言文阅读指导与思考
ZIYU DE WENYANKE XIAOXUE KEWAI WENYANWEN YUEDU ZHIDAO YU SIKAO
周晓霞　著

出 版 人　谢金岭
责任编辑　高茜茜
装帧设计　李　一

出版发行　济南出版社
地　　址　山东省济南市二环南路1号（250002）
总 编 室　0531-86131715
印　　刷　山东天马旅游印务有限公司
版　　次　2025年1月第1版
印　　次　2025年1月第1次印刷
开　　本　170mm×240mm 16开
印　　张　15
字　　数　174千字
书　　号　ISBN 978-7-5488-7050-0
定　　价　58.00元

如有印装质量问题　请与出版社出版部联系调换
电话：0531-86131716

版权所有　盗版必究

成功之路并不拥挤
——读《紫雨的文言课》

李 亮

　　看到"紫雨"这个网名是"凤凰语文论坛"开创不久，真正见到"真人"应该是在论坛庆祝点击量突破十万次的活动上，后来就在苏教版小学语文教材的各种培训会上经常见到她。作为论坛版主，紫雨不仅是培训会场的义工，还对教学中出现的各种现象和问题直抒己见，向专家们请教甚至"发难"也是常有的事。她一直感谢"凤凰语文论坛"这只"鸟"引着自己走出了苏北的小县城，看到了"井"外天地的广阔，而她也像诸多论坛版主们一样，仰望星空，脚踩大地，以饱满的激情热衷于自己的教育理想，踏踏实实地耕耘于三尺讲台。后来，教材进入统编时代，见面的机会也就越来越少了，再后来偶尔听说她在研究小古文教学，还颇有些好奇。总之，对紫雨的认知，一直在熟悉与陌生、疏离与亲切之间。

　　一日，她说要交一份"作业"给我，打开《紫雨的文言课》，内容纷繁得让我瞠目！整整二十五万多字的文稿，全部是对文言文教学的研究。原来，紫雨从2006年就开始在自己的课堂进行小学文言教学的探索和研究，十五年未间断，她的每一届学生都从中受益。

　　紫雨是一位有点浪漫主义色彩的女子，更是有点理想主义情怀的老师。她一路的成长并非一帆风顺，但并不影响她阳光地生活和勤勉地工作。早在2012年《新作文·小学作文创新教学》出版的专刊中，她就提出了"童话地吻醒国学"的教学主张。她提出："在国学经典中记录着很多鲜活的人和事，这些人和事非但不古板，反而非常可爱，上演着一幕幕纯真的'童话'。寻找这样的阅读内容，孩子和文言之间便没有了距离感。"她认为："天地万物虽然在不断演化，但几千年对于地球来说，也就是瞬间的事情，因此自然之道亘古未变，自然之理千古共探，如同照过今古之'月'，典籍照亮着我们的心，诵读它们可以让我们抵达'天人合一'的境界。"她还说："汉字特有的形态，汉语特有的节奏，文言特有的魅力，是民族得以繁茂的根脉，如童话般神奇而美妙地在爱她的人身上烙下美丽的印迹。"——她在如痴如醉地勾画着一个浪漫而又切实地指向小学文言教学的理想图景！

　　让我讶异和感佩的还有，《紫雨的文言课》是江苏省教育科学"十三五"规划重点课题（编号：B-b/2016/40）"基于语文核心素养的小学文言文教学策略的研究"成果。"课内卷"为统编教材小学文言14篇文本解读及教学设计，还有纵观整个编写体系立德树人的内涵解读、整个小学文言知识要点及其复习策略，可谓有方向、有理念、有操作。"课外卷"为紫雨从2006年起十多年来探索的小学课外古诗文阅读指导与思考的积累，多散见于《语文建设》《小学语文教与学》《教学与管理》等专业教育杂志上，可见其在文言阅读推广之路上的那种孜孜以求的精神。

　　"凤凰语文论坛"练就了紫雨敏锐而细腻的文本解读能力，读她对统编教材中文言课文的解读，有一种自由穿梭时空的畅快。

　　每一篇必然追根溯源——回归到文本原点，寻觅经典原初的味道。为了解读大家耳熟能详的《守株待兔》，她对《韩非子·五蠹》原著反复研读，然后得到了韩非子讲述《守株待兔》更宏大的立意，它远远不是笑其"不劳而获"那么单薄。她对寓言中宋人出镜较多的原因的探究，得到了"笑"之社会背景；对原本是贵族的宋人行事作风的探寻又将韩非之笑意推进了一层。经过综合思考，走出了《守株待兔》笑"田野庄稼都完了"的理解偏差，由韩非最初"是以圣人不期修古，不法常可，论世之事，因为之备"的立意阐述，直接指向了当前小学文言文教学方法的症结所在，终又将寓意普及指向所有领域的创新思维。

每一篇必然立足当下——尊重当下的视角，根据生长的需求来汲取营养。紫雨对文学欣赏与教学文本解读的界限把握得特别清楚。运用文艺评论剖析只是为了服务教学的一种深入过程，教学对象是当下的，文本解读的指向一定也是当下的。比如解读《少年中国说》，将"少年"一词放置于中华民族发展的时间轴，感受梁公的高瞻远瞩，同时又激发当下少年之激情与责任，将当下的"中国梦"追求上升到"少年雄于太空，则国雄于太空"的层面。

每一篇都面向未来——语文教学自当实现教育之真意：面向未来的人才培养。因此，正向理念的树立自然被纳入"播种"的重要指向。比如，同样是读韩非，紫雨对《自相矛盾》的解析抓住了"矛盾观"的树立这种较高的教学思维，将"矛盾"激化而无穷演变。仅从"武器"视角，立足文本运用矛盾思维开创出了辽阔的、现代的、国际的阅读视野。

纵观紫雨对于语文教学的认识，发现她自觉不自觉地在实践中逐步形成了全面提升学生语文课程核心素养的意识，因此，她的课堂一直是儿童的、灵动的、鲜活的，她的教学设计是好玩儿的、有趣味的。

低年级的情趣——以各种有趣的"好玩"吸引孩子进入文言世界。她综合了戏剧、雕塑等艺术手法创新设计出一种"形体诵读"——借助孩子的身体资源开发诵读。作为文言开门课，以一手扮演小乌龟一手扮演小兔子，边演边诵的《龟兔竞走》教学设计已经广为流传，我就在多处听到不同的翻版课。而《雨》的设计又借助汉语声律的特点，借助平长仄短的诗词诵读策略让学生进入文言学习中来。比如"风吹云散"——平声的"云"被任意读长,让学生们浮想联翩,如云般自由发声,其间可见各种云朵不说,那被风吹着四处浪荡的感觉特别有意思,而忽然来个仄声的"散",急促而短暂,真的像"呼啦"一下全没了的感觉。课堂上学生们该是怎样的情趣盎然呀!

中年级的意趣——中年级的教学设计仍然是有趣的,而此中却多了很多感悟的意韵。比如《精卫填海》的设计,在读出《山海经》的神奇和美妙之外,她引导学生从写作的角度去品味:文中为何不先描述女娲溺水而亡的事情,然后再描写精卫之形态?借此,她竟然很轻巧地让学生一步一步探寻到了神话创作的真谛:"昔者初民,见天地万物,变异不常,其诸现象,又出于人力所能以上,则自造众说以解释之:凡所解释,今谓之神话。"(鲁迅)而且还从"故事"的角度,又让学生追问出了"精卫填海"是一个无果的故事。再从对比阅读的视角,比较思考为何神仙对"精卫"和"愚公"的态度不同。这样的教学在传统教学中是没有的,却又是汉语教学应该尝试的。

高年级的志趣——在高年级的文言教学设计中,紫雨显然是精心构建着小学初中知识衔接的阶梯。由《杨氏之子》中汉字游戏式的思维训练,进入《伯牙鼓琴》《书戴嵩画牛》这样的艺术话题。比如《书戴嵩画牛》教学中,她紧扣一个"笑"字,用戴嵩、杜处士、牧童及苏轼对于"斗牛"这一话题从艺术欣赏层面自然地将大家带入了哲学层面的思考,让"笑"的意韵有了极为丰富的呈现。再如对于传统课文《两小儿辩日》,她不仅引导学生明白两小儿的辩论观点,还学习他们观察事物并阐述自己观点的方法:敢于向权威挑战,提出自己的质疑。过程中将观察方法和文字描述实际操练了一把。从"色彩浓淡""日照影长"等角度将"辩论"引向激烈复杂。又将单元中"口语交际"《辩论》的辩题设计为"孔子是/非智者",与本课形成一个完整的教学系列,已经跳出语文学科知识点的惯性思维。考察听说读写的本质联系,在继承和弘扬传统文化的教学过程设计中"发展思维能力，提升思维品质，形成自觉的审美意识，培养高雅的审美情趣"，朦胧似见"大概念"意识的萌芽。

　　紫雨如此厚实的解读与设计并非一日之功，而是来自她教学中对于汉语的挚爱和沉浸。她在教学中的探索和研究超前教材编写十多年，所以在众多老师面对教材中出现文言文毫无准备甚至显得有点无措之际，她对小学文言课堂早已驾轻就熟。她的学生进入中学以后表现出惊人的阅读力和创作力，这些成了紫雨优秀文言教学最有力的例证。文言是汉语的根，有了牢固的根基，汉语的学习自然会"枝繁叶茂"。所以紫雨秉承"教孩子一天，为他们一年着想；教孩子一年，为他们一生着想"的理念，早在"双减"政策之前，即放下应试而潜心课外文言阅读的推广，恰恰为当下的"双减"提供了不少可资借鉴的经验。

　　大视野，小算盘——放眼儿童终身的汉语学习，必须盘算着每年每月每周每天的时间安排。她任教的一届学生，从2015年到2021年六年里，一、二年级诵读小古文108篇，三年级读完中华书局出版的《世说新语》选本，四年级开始进入文言文原著阅读，利用三年时间带领学生们完成了四大名著原著的阅读。其间还利用每天的晨读读完了《论语》。这些日子都是她扳着指头盘算着过来的。

　　大格局，小操作——紫雨有大格局，可她的操作又是那样简单细碎，简单到甚至有点"笨拙"，细碎到甚至可以"忽略"。比如她和孩子们读《论语》，每天也就只读一两则。她不要求学生背诵，只要求认真抄写一遍，并用心听她聊相关的故事，然后大家一起天马行空地"扯"。对于学生的发言，她立下的标准是"一本正经地胡说八道"。她还有一个极小的甚至在当下现代技术盛行时期完全可以省略的操作——每天在黑板上用粉笔抄写繁体字《论语》，两年多的时间里，从未间断过。就这样，每天15分钟的"小"时间，两三行的"小"抄写，零零碎碎的"小"故事，完成了《论语》的师生共读。

大规划，小步走——紫雨的文言阅读推广是有规划的，小学六年，从时间上算得上宏大，却被她"小碎步"地走完了。就那样一篇一章地"玩"，一回一目地读，一字一句地解……书中有一组特殊文字："紫雨说字"，讲的都是文言文语法常识，却没有一点理论味，极少出现语法专业术语，全是日常的"鸡毛蒜皮"。"吃货""高手""颠来倒去""神出鬼没"……这些让学生们一看就忍不住被吸引的描述，让一个个文言字词如一杯杯牛奶，轻轻松松地进入了学生的肚子里。

　　掂量着《紫雨的文言课》这本书稿，我在想两个问题。一是自统编小学语文教材使用以来，小学文言教学成了小语界关注的新热点，我不知道这种关注是否能持续，因为据说学界对在小学阶段是否教学文言意见并不统一。个人以为，在精选内容的前提下，小学生适量、适度地学点文言文，并无不可。古诗词的难度不比文言短篇低，古诗词学得，文言文为何学不得？二是紫雨的文言课，也许并非能被普遍接受，也并非所有老师能学得来，但这又有什么关系呢？看得出，紫雨写这本书本来就没有推销自己思想和做法的念头，更多的是出于一个创作者孤芳自赏、敝帚自珍式的表达快感。而紫雨作为教育者的职业成就感与幸福感早已从她的学生成长中获得。真理往往被绝少数人掌握着。一个执着自己热爱的领域并持续深耕的人总是更容易接近成功的彼岸。其实成功之路并不拥挤，因为坚持的人不多。祝福并致敬紫雨老师！

目 录

文言漫谈

进入小学语文教学的"核"时代 …………………………… 2

小学文言教学字词趣解五策 …………………………… 12

张扬的"我"和内敛的"吾"

——兼谈《小学生小古文100课》部分篇目的解读与教学 …………………………… 24

"我"的诗情,你的童话

——诗情地吻醒国学里的童话 …………………………… 31

小学生读懂学透《千字文》要略

——兼谈小学文言整本书阅读指导 …………………………… 37

用戏剧的方式教小古文

——朱文君老师执教小古文《刺猬与橡斗》片段赏析 …………………………… 53

玩汉语于趾尖的"之"
——统编版小学语文教材文言写作品味之一 ………… 60
小学文言教学中的"文字游戏"
——浅谈小学文言趣味写作设计 ……………………… 69
融古化今，小学文言教学任"轻"而道远
——以《莲》主题阅读教学为例 ……………………… 77

文言课堂——小学课外文言文阅读教学

和一年级学生讲文言故事
——《龟兔竞走》教学实录及点评 …………………… 88
让低年级学生在大数据的思维下学语文
——《雨》的教学实录及点评 ………………………… 100
走汉语来时的路　品故事原有的味
——《揠苗助长》教学设计 …………………………… 115
解构言说的智慧　欣赏文言的艺术
——《螳螂捕蝉》教学设计 …………………………… 123
可亲可近的圣贤
——《论语——孔子的小故事》教学实录 …………… 131
中国最早的诗歌：弹歌
——点评高子阳老师教学实录 ………………………… 146

紫雨说字——趣说文言文常用字词

"吾"与"汝"，我和你 …………………………………… 164
时与光的聚聚散散 ………………………………………… 166

"而"的前前后后	168
或或或，不惑的"或"	171
五千岁的"皆"和"咸"	173
想象力丰富的"如"	175
奇妙的"其"	178
"谓"原来是个"吃货"	181
渐行渐远的"去"	183
热心助人的"者"	185
好问的"何"	187
自由分合的"文言高手"	190
动手又动脑的"以"	192
文言的问句	195
善于推理的"乃"	198
有创造、有目标的"为"	200
情感丰富的"乎"	203
承上启下的"则"	205
善观察、会描摹的"然"	207
行走自由、爱发议论的"夫"	210
"是"不是这个"是"	212
张大嘴巴的"哉"	215
学会用文言说"NO"	217
神出鬼没的"焉"	220
信心不足的"盖"	222
婉转悠扬的"兮"	224

文言漫谈

进入小学语文教学的"核"时代

随着国家对传统文化的重视,国学经典日渐"热"起来。经典的传承不能只靠一时的热度和一阵的潮流,教育工作者应该客观地分析其学科价值及教学策略。教育部印发的《教育部关于全面深化课程改革 落实立德树人根本任务的意见》提出:"将组织研究提出各学段学生发展核心素养体系,明确学生应具备的适应终身发展和社会发展需要的必备品格和关键能力,突出强调个人修养、社会关爱、家国情怀,更加注重自主发展、合作参与、创新实践。""核心素养"的强化使学科的教学研究有了方向。当然,学生素养不是某学科可以单独培养成功的,也不是各种能力的简单叠加,它应具备的基本要素是生长力。素养应落地生根,蓬勃地衍生并不断增强。它必须是能动地作用于个人自身、社会及至自然,从而展开创造性变革的一种存在。语文学科素养的形成是受种种社会因素所影响、制约的。素养不是先天预成的,也不是单凭个体自身就可自动生成的。素养是儿童接受的学科教育者所创设的外在条件与其自身的内部条件交互作用产生的一种结晶、一个"核能源"。

基础教育的使命是奠定每一个儿童学力发展和人格发展的基础。借助知识去学习知识是最佳的学习状态,而获取学科学习的能力则是形成学科素养的重要前提。学习汉语需要追寻其根脉,得到汉语的"根"就得到汉语学习力的源泉。文言，是汉语言最初的书面状态；文言，是汉语言学习最本质的核心源泉。

本人于2005年加入朱文君老师组织的小古文研究组，参与编写了《小学生小古文100课》一书（2012年由济南出版社正式出版）。为了保证所选内容切合小学生的实际学习情况，我于2006年主动向学校申请了一年级的语文教学工作，并在自己的班级进行文言教学实验。我利用两年的时间组织学生学完一百篇篇幅短小的文言，学生进入三年级后进行对课等系列训练，四年级开始阅读文言原著，五年级我们师生共读《论语》。十年的课堂实践证明：文言教学给予学生的不只是一种"营养"，更多的是语文素养的生长力，它使学生具备了语文学习的"核能量"。

文言的"核能"表现在"言"和"语"的生发力上

汉字是迄今为止持续使用时间最长的一种文字，最重要的原因就是汉字具备不断的再生能力：无论时代如何变迁，文明如何进步，这看似寻常的文字总能以其惊人的组合能力，衍生出准确而生动的词句。

2016年，我受邀去山东德州开展一次小古文研讨培训会。进入会场，准备和我一起上课的学生已经先到了，我们的交流就从他们的学校开始——

师：同学们好！你们来自哪所小学？

生：明德小学。

师：哦。哪个"明"？哪个"德"？

生："明亮"的"明"，"品德"的"德"。

师：哦，这个解释好！一个人拥有了美好的品德，整个人生都会明亮起来的。你们这一群品德优秀的学生，让整个会场都明亮起来了。感谢你们！（台下老师鼓掌。）

师：这些掌声都是因为你们。还有同学对这两个字有不同的解释吗？

生："光明"的"明"，"道德"的"德"。

师：看，这就叫创意。你能像我刚才那样把两个字——"明""德"合起来解释一下吗？

生：我们学校的学生都是有道德的，未来也是光明的。

师：哇，这简直就是校训的感觉嘛！非常阳光的校训。你们的老师和校长一定会为有你这样的学生感到骄傲的！还有同学想来说一下吗？

生："明天"的"明"，"德州"的"德"。

师：我想听听你的解释。

生：德州的明天会更美好！

师：嚄！有气魄！同学们，明天也就是未来，你们知道德州的明天在哪里吗？

生：我们就是德州的明天。

这是乡镇小学几个三年级的学生对自己校名的理解、解读，一点都不比"明理厚德"这一官方解读差。这是为什么？这就是长期浸润于优质的汉语言的原因。不知道在哪一天，谁在学生的心田里种了这样或那样的种子，然后在某一刻，它发芽了，生发出如此美好的解读。在这样一个极具文言特质的校名交流环节，我顺带让学生掌握了一种学习文言的技巧：单字成词，组合理解。虽然学生理解得未必完全精准，但这种汉语特有的思维方式在他们头脑中得以自然生长。

汉字无穷衍生的特性由其象形的造字方式决定，汉语中的哲思则来自先人对于自然的理解。文言远非那些反对国学经典的人所想象的那样，成为禁锢人思想的工具。当你拥有了创新思维，用适应现代需要的视角去解读那些经典时，就会达到融会贯通的境界，也就自然体会到汉语的种子在你心中萌发所产生的美妙了。

一个孩子在读了英国作家朱莉娅·唐纳森的绘本作品《小房子变大房子》之后说："老师，这就是老子所说的'将欲歙之，必固张之；将欲弱之，必固强之；将欲废之，必固举之；将欲取之，必固与之'啊！"你会惊讶于这种解读方式吗？那么，当你与学生共读《论语》，任由他们用自己的方式去理解、拥抱经典时，又会出现怎样的"奇葩"呢？

子曰："巧言令色，鲜矣仁！"——学生这样解读："孔子说，满嘴花言巧语，面貌看上去很善良的人，仁德却是最少的。我长大了如果交了一个花言巧语、面貌伪善的男朋友，我一定和他一刀两断。当普通朋友都不行，因为他仁德最少。""表面装好脸色，背地里说别人坏话的人，道德、良心就十分少了。就像《狐狸和乌鸦》中的狐狸一样，说尽好话，目的就是让自己得到好处。这种人呀，真是'巧言令色'！"

子曰："道千乘之国，敬事而信，节用而爱人；使民以时。"——学生陈希在笔记中写道："拥有一千辆兵车的国家，对待工作就要认真，说的话不可以不兑现。用东西要节约。关心老百姓，要看这个时间该做什么，再去安排老百姓做事。有一次我看见我的本子用完了，就让爸爸冒着大雨到商店帮我买本子。爸爸说：'等雨停了再去买吧！'我说：'不行，不行，现在就要。'爸爸只好去买本子。我学了这篇论语后，觉得好惭愧！国君使唤百姓也要找个合适的时间，我竟然这样对待自己的爸爸。"

子曰："信近于义，言可复也。恭近于礼，远耻辱也。因不失其亲，亦可宗也。"——陈金铭在一次班会上如是说："老师，在校长面前不要像仆人一样，一会儿给校长倒茶，一会儿帮校长拿椅子。这样不但不会涨工资，同事们还会看不起你的。如果你想涨工资的话，就必须做好自己的工作。有句话要遵守：'敬事而信'！"

子曰："为政以德，譬如北辰，居其所而众星共之。"——"政"，对于小学生来说，是否太"大"太"远"了？那就来看看他们的解读吧：老师讲"政"这个字的时候，我就想那"攵"就像是手里拿着的一面旗子，也就是指方向的旗子。而老师告诉我们那手里拿着的是"道德"，指挥者是靠道德来指挥的。（曹鸣婧）孔子说当政者用道德来治理国政时，就好像北极星给人指引方向，其他的星辰都井然有序地围绕着它。（吴怡）如果你是一个很好的国王，就有人自然而然地来跟随你。（唐祝杰）《舜耕历山》就是这样的一个故事。舜很能干，又很善良。一个有道德的人，老百姓都愿意投靠他。"一年成聚，二年成邑，三年成都。"舜真的就像一颗闪亮的北极星一样吸引人。（祁悦）

以上所举，仅仅是教学中的一点一滴，当你轻松地将一粒文言的种子播于一片"童话"的土地上，不拔苗助长——人为地灌输所谓的正统观念，也不漠然无视——要求学生只管背过那些所谓的长大自然有用的理论，那么，你就可以如一个勤劳的农人那样欣赏学生"拔节"的声音了。

文言的"核能"表现在"声"与"音"的鉴赏力上

张志公先生在《传统语文教育教材论》中提出了改革语文教学的构想基本点："语文教学要面对当前的和今后的社会需要；既要继承传统的好经验，更要清醒的看到并且坚定勇敢地革除传统遗留下来的重大积弊；要使语文教学朝着科学化、高效率的方向前进，成为培养新的建设人才的基础工程的重要组成部分。"对于传统的文言学习，大多数人所厌恶的莫过于死记硬背。但无论是已下功夫者还是未下功夫者，对文言本身都有极高的评价，认为文言对个人的发展有积极影响。那么我们如何看待这"死记硬背"？如何从中将优点和积弊剥离？这就是现代小学语文教师应探讨的内容。

传统教学中有一种"先背了再说"的模式，这对于"书不读熟不开讲"的观点来说是有积极意义的。然而如何让学生带着兴趣进入陌生而抽象的文字世界呢？"平长仄短"就是一个极其简单且趣味盎然的方法。对于学会汉语拼音的学生来说，教师只要将"一二声调为平声，三四声调为仄声"（入声可在日后的教学中逐步渗透）这一简单的标准告知他们，他们就能在五分钟之内找到"平长仄短"的诵读节奏。尤其是骈句较多的文言，学生用此方法读来明白清晰，能产生丰富的联想，并极快地融入文字所创设的意境之中。

比如，教学小古文《雪》："夜半，北风起，大雪飞。"学生学会了平仄诵读的方法，当我读到"大雪飞"的"飞"时，声音刻意延长了一下，学生的想象热情竟然一下子被点燃：他们有的甩着胳膊，让"雪花"进入了旋风状态；有的身体上下起伏，让"雪花"进入了舞蹈状态；有的轻盈曼舞，让"雪花"进入了散步状态……不一而足。一个"飞"字平声的延长成就了学生诸多的联想，使得漫天"飞雪"有了万千姿态。我让学生们好好体会"夜半"一词，他们竟然在两个短促的仄声字中读出了"夜半被惊醒""夜半可能突然降温""夜半被冻醒了""夜半冷得发抖"等诸多感受。这是任何讲读都无法抵达的对声音意会的境界。

从传统诵读中提炼出来的"平长仄短"的诵读方法让声音也有了表意的功能。就在这样的声音延长中，延出了太多太多的意韵，这是教师无须也无法讲授的。在教学课文时，这样的一个小小方法竟然再生精彩：《东方明珠》（苏教版）一文中对上海广播电视塔有这样的描述："头顶蓝天，脚踩大地。"这八个字，我提示学生尝试用平仄诵读法读。只读了两遍，就有学生讲述了平仄诵读给他带来的感受："头——平声的延长让我感受到塔的头好高好高，蓝——天——，塔仿佛一直伸到蓝天上去。""脚踩大地"四个字都是仄声，学生诵读时一字一"踩"，以示稳健有力，他们的描述是：只有这样才能站得稳。平长仄短带给学生想象的机会、思考的节奏。

此法在古诗教学中的运用更是精彩纷呈！试举《宿新市徐公店》一课学生诵读交流环节的例子。

生1:"篱落疏疏一径深","深——"让我感受到那条小路弯弯曲曲,伸向远方,很远很远……

生2:"树头花落","落"这个短促的仄声字让我感受到风雨过后,花儿说落就落了,一下子有点难受。

生3:我觉得"落"让我想到了雨,一下子都落下来,有花瓣雨的感觉。就像琦君写的《桂花雨》所提到的场景似的。

生4:"急——走"让我想象到儿童追着蝴蝶一路快速地奔跑,突然发现那蝴蝶停下来了,儿童也跟着来了个急刹车。"追黄蝶——"让我想到那调皮的黄蝶又突然起飞了,在空中绕着圈儿……

生5:"无处寻——"这样的延长,让我感受到追黄蝶的人在那金色的菜花丛中找啊找啊。

如此读诗,远比那逐字逐句的讲解要有情趣不说,学生的鉴赏力也从自身的体悟中得以生长。这就是汉语与生俱来的"声"与"音"为语文课堂提供的无限想象空间。

文言的"核能"表现在"虚"和"无"的传承力上

谈及文言教学,必然要关注学科本身的知识,而在小学阶段如果将文言知识作为教学目标,显然是不合适的。那么,如何让那些初、高中学生都头疼的文言知识无痕地在小学语文课堂中生根呢?本文仅以文言中的虚词为例,谈谈文言的"核能"所表现的精彩。

古汉语中的虚词可分为六类:副词、介词、连词、助词、叹词和拟声词。这些虚词没有多少实质性的意义,但不能小看它们,因为它们能使文章增色,能让文章情趣斐然。请看小古文教学研究专家朱文君老师在其教学《老虎与橡斗》中的一个片段。

(课件出示:忽被獬卷着鼻,惊走,不知休也。)

师:发生什么事了?

（生做狂奔状，有上下起伏颠簸者，有左右摇摆不定者。）

师：（指向颠簸者）请问你在做什么？

生1：逃。

生2：跑。

师：请你一边疯跑一边读读这句话。

生：忽被猏卷着鼻，惊走，不知休也——

师：请别停下你的声音和表演。

（生一直"也"着，颠簸着。）

师：请你试着将那"也"字去掉。

生：不知休。

师：怎么样？

生："不知休"读起来好像很短促。

师：看来这个"也"挺有意思啊。虽然没有"也"，句子的意思也完整，但是老虎奔跑的样子就不那么形象了。文言中有些看似没有实在意思的词，比如"也""而""乃""且"……我们在诵读到它们的时候拉长声音，就能品出特别丰富的意思来。不信，我们看下文。

"也"是文言中最为常见的虚词之一，如何为学生解释其意义？原本真的无法解释。那么只能让学生意会，如何意会？朱文君老师借助戏剧手段让虚无的"也"字可感可传。这样的课堂，学生不仅可"意会"，更可"言传"，岂不妙哉！

我在文言教学中也特别注重虚词的实化教学。以《龟兔竞走》的结尾句"及兔醒，则龟已先至矣"为例，学生读好此句后，我让他们进入了"虚"化的"实"感世界。

师：看来大家真的会读了。我来读一遍，大家听听，看老师读的和你们读的有什么不一样。（师读，将"矣"处理成一个上扬的音调。）

生：老师读的"矣"是这样的（手向上扬），我们读的"矣"是这样的（手向下）。

师：你的"耳朵"也在帮助你发现哦。这个"矣"在文言里没有实际意思，可读起来又很有意思。你们再听听这样的话可能是谁在说呢？（师再读上扬语调。）

生：这话好像是乌龟在说。

师：哦，怎么听出来的？

生：因为听上去好得意的样子。

（师指名两生读，读出乌龟的得意，并配以乌龟得意的手势。）

师：乌龟的得意体现在哪个字上？

生：矣。

师：兔子的难过体现在哪个字上？

生：也在这个"矣"上。

师：你能读出来吗？

生：及兔醒，则龟已先至矣。（生夸张了"矣"音的下滑语调。）

……………

《龟兔竞走》这篇文言中，第一句有"与"和"而"，最后一句有"矣"，如果去掉这三个字也可以，但读一读，此文就没有"味儿"了。三个没有意义的词却能使整篇文章趣味十足，真是奇妙！巧妙地抓住虚词，用学生喜欢的角色切换的教学方法，让一年级学生感受到了词语中藏着的世界。没有专业术语的罗列，没有高深的讲解，但文言的种子已经被教师温馨地播种在学生的心中。

核，指种子。一颗果实的核所具备的能量是惊人的，最重要的是其生命力。而核能，它的魅力则在于某一刻的爆发，最重要的是其冲击力。我们的语文课堂既要有冲击力，更要有生命力。核心素养本不是只适用于特定情境、特定学科或特定人群的特殊素养，而是适用于一切情境和所有人的普遍素养。语文学科作为一门基础性学科，不必拘泥于本学科的所谓"技能""方法"这些基础性、训练性的目标，而必须立足于语言的表达和交流。要实现广义的语言学概念，必须率先"软化"学科的界限，将触角深入到各个学科领域，寻求丰富的素养内涵，探求更为宽阔的素养之道。文言，带领我们进入小学语文教学的"核"时代！

（此文发表于《教育视界》2016年第3期）

小学文言教学字词趣解五策

随着传统文化教育越来越被重视，文言已经进入了小学语文课堂。大家对于文言阅读教学在小学阶段的尺度把握问题众说纷纭，但无论如何也不应再如以前那样只顾让学生死记硬背。虽然"先背下来再说""书不读熟不开讲"这些传统教学模式不乏成功先例，甚至有许多名人大家都现身说法以证明这种教学模式是可取的，但我认为，凭借天分，只管背下后慢慢消化就能终身受益的人毕竟是少数，要想让文言阅读成为一种普众行为，让文言真正成为整个民族的文化底色，必须将其内容融入日常，使其充满生气，可感可亲。尤其是在小学阶段，所谓的"要从娃娃抓起"绝非"要从娃娃压起"。

阅读中对文言字词的感悟体会是理解文本的基础，也是读出趣味的绝好切入点。

在小学文言教学中，教师对字词的讲解呈现出两种鲜明的对立态度：一种觉得无须给小学生讲解字词，那样只能加重学生的负担；另一种则认为只有逐字讲解才能让学生在理解的基础上更好地对文本进行诵读和感受。而我认为，只要是适合的就是最好的，遵循学生的认知规律，激发学生的认知兴趣，以他们可接纳的方式来讲解字词，不仅不会成为负担，反而有利于学生诵读和记忆文本。在十多年的文言教学生涯中，我总结了一些适合小学生的文言字词趣解方法。

借助字音成腔成调感受语气词

以文言中的"也"字为例，谈谈应如何引导学生理解其作用。

"之、乎、者、也"可以说是文言的代名词。文言中可真是遍地见"也"。在大多数情况下，它最喜欢待在文言句子的末尾。用在文言句末的"也"和我们现代汉语里的"也"没有一点点关系。文言句子因为有"也"在句末，语气会有非常大的改变。如果非要给"也"在现代汉语中找一个相对应的词的话，那么就相当于"啊"。

"也"常常会帮助人们给某些事物下个定义，表示判断和肯定。比如，表示对动植物的评判："萤，飞虫也。""松，大树也。"表示对某个人的特长、性格、能力等的评价："弈秋，通国之善弈者也。"表示常识性的概念："故视日之出没，可以辨四方也。"表示根据某种现象做出的总结："一成一败，其治不同也。"表示根据自己的经验做出的决定："老马之智可用也。"表示通过观察得出的结论："蟋蟀有四翅，振翅发声，非以口鸣也。"还可以表示强化后的判断和感觉："此非楚之路也。""虎见之，庞然大物也。"这些判断性的句子有了"也"在句末，语气上是充分肯定的。当"也"出现在疑问句句末时，往往会有一个表示疑问的词（比如：何、非等）和它呼应。我们先来读读这些疑问句。"蟋蟀口小，鸣声颇大，何也？""夫子嗜鱼而不受者，何也？""夺彼与此，何其偏也？""卿太重，将非鬼也？"这些疑问句句末加了"也"后，疑问的语气加强了，加强到近乎在做推断的地步。这种疑问是夹杂着自己的判断的，不仅仅希望通过问询的方式得到答案，更多的是希望自己的疑问在此得到验证。

如果"也"出现在表示因果关系的句子的末尾，那么它就有一定的解释意味。

比如，为了说明原因或理由：

竹工破之，刳去其节，用代陶瓦。比屋皆然，以其价廉而工省也。——"价廉而工省"是做出"用代陶瓦"这个选择的重要原因。

所以死而不倒者，正恐石落伤其子也。——"恐石落伤其子"是"死而不倒"的真正原因。

众以其谎也，不理之。——"谎"是大家不理他的原因。

为了强调所得出的结果：

饮少辄醉，而年又最高，故自号曰醉翁也。——"也"强调了"醉翁"。

夫唯嗜鱼，故不受也。——"也"强调了"不受"。

文言感叹句中的"也"的意思和现代汉语中的"啊"的意思最为相似。比如："曰：非然也。""蝶欤周欤，吾不得而知也。""宁信度，无自信也。""将来有羡先生唱者，切勿信之，必有故也。""顿为银世界，真奇观也。"感叹句句末有了"也"，整个句子的感叹色彩就浓厚起来。我们在诵读时拉长"也"的声调，余音会令人回味无穷。

在一些表示禁止意思的句子中，"也"又表达出斩钉截铁般干脆的意味。在诵读这样的句子时，"也"字可以读得短促而有力，突出力度。比如："登斯楼也，则有心旷神怡，宠辱偕忘，把酒临风，其喜洋洋者矣。""子固非鱼也，子之不知鱼之乐，全矣！"

虽然"也"特别喜欢跟在句子的末尾，但当有些句子太长，或者节奏需要调整时，它也会在句子的中间部位出现，帮助诵读的人换口气停顿一下。总之，"也"在文言中更多的是作为语气词出现。有了它就能加强句子原本的语气，肯定的更肯定，疑问的更疑问，禁止的更禁止，感叹的更感叹……"也"在现代汉语中表示"同样、并行"，以及"还""或"等意，这些意思在文言中也会被偶尔运用，但比较少。在我们日常口语中，有时为了幽默的表达或调侃，人们还会在句子后面"拖"上一个长长的"也"来调节气氛。

语气词是汉语的重要成分，文言中的语气词更是韵味无穷。和小学生一起品味文言中的语气词不必多灌输那些规范的语法知识，而是要在教学中有所变通地运用一些有趣的策略来进行。

借助字形精雕细琢品味动态词

汉字的特殊造字方式决定了其形态的趣味性。我们可以通过对某字字形的趣味分析来激发学生的学习兴趣。比如我在讲解《千字文》中"笃初诚美"的"笃"时就这样讲：这个"笃"读"dǔ"，"笃"的古文字是非常有意思的，看它的字形，上面的⺮表示用竹子制作的一种像小笼子的东西，下面的就是马，上下合在一起就表示给马嘴巴套上了一个竹编的口罩。为什么这样？你想啊，马最喜欢吃什么？当然是草了。如果它一边走路一边吃草，还能专心向前吗？可如果强行用别的东西捂着马的嘴，又怕影响它呼吸，所以就给它套上透气的竹口罩，让马不能嚼食路边的野草，凝神专注地向前跑。后来这个字就慢慢地衍生出"专注、忠诚"的意思来了。

再来看一看"曰"。一旦进入文言的世界，我们会经常碰到"曰"字，这个和"日"字比一笔不多一笔不少的字，让我觉得好可爱，因为它比"日"要明显"胖"一圈，也让我真切地感受到了汉字在书写时的奇妙。那么，它究竟是什么意思呢？我们来看两个例句。

父曰："火不可戏也，偶不慎，小则灼肌肤，大则焚房舍。"儿惧曰："今知火之为害矣。"父曰："灯非火不明，食非火不熟。苟得其用，火固有益于人也。"

这段话中所有的"曰"都表示这个人后面要说话了，也就相当于现代汉语中的"说"。我们经常在一些人物对话中读到"某某曰"，也就是

"某某人说"的意思。比如《论语》中经常出现的"子曰"，就是"孔子说"的意思。而下面这个例句中的"曰"可就不能全理解成"说"的意思。我们不妨先看看哪些"曰"可以理解成"说"的意思，哪些"曰"理解成"说"的意思讲不通。

祖曰："汝知方位乎？吾语汝，向日之方曰东，背日之方曰西，右手曰南，左手曰北。"

你肯定发现了，"祖曰"中的"曰"还是"说"的意思，但引号里的那几个"曰"就不能理解为"说"了，可理解为"称"或者"叫作"："向日之方曰东"——面向太阳的方向叫作东方；"背日之方曰西"——背对太阳的方向叫作西方；"右手曰南"——右边的方向叫作南方；"左手曰北"——左边的方向叫作北方。

我们常见的"曰"就这样两个意思，但有的时候它也会出现在一些词语之间起到帮助联系前后的作用，并没有太多的含义。

这个胖胖的"曰"字在句子里"排队"的时候，一般只会排在句子的开头或是中间。有的时候它喜欢和"若"组成一个特定的词语，叫"曰若"。"曰若"一出现就是要讲述一个以前比较有名的人物的故事或言行了，这种情况下"曰若"肯定是排在句子的开头。因为所要讲述的内容一般都是经过一番考证的，所以就有了一个说法叫"曰若稽古"，就是考查古代传说的意思。

借助义变穿越古今感受差异性

随着时代的变迁，汉字在运用过程中逐渐被引申和衍化，有些字词的意思发生了变化，甚至有了相反的走向。我们以"走"字为例来谈一谈。

右图是金文的"走"字，即一个人挥舞着双臂向前奔跑，身后留下一串脚印的样子。明明是"走"嘛，怎么就变成"跑"了呢？其实，古代汉语中的"走"和现代汉语中的"走"在意思上最根本的差别就是速度的快慢。古代汉语中的"走"作为行进的动作来讲时是"跑、疾走"的意思。比如《龟兔竞走》里的"龟与兔竞走"，这里的"竞走"和我们现代体育运动项目中的"竞走"不同。古代汉语中的"竞走"其实是两个词："竞"是竞赛、比赛的意思；"走"是跑步、奔跑的意思。两个词合起来就是进行跑步比赛的意思。其实，古代汉语中"走"的"跑、疾走"的意思还保留在一些成语中，比如："东奔西走""奔走相告"里的"走"和"奔"都是快速地跑的意思；"走马上任""走马观花"里的"走马"是骑着马跑的意思；"三十六计，走为上计""走投无路"里的"走"含有逃跑的意思。那么一步一步地走在古代用什么字来表示呢？既然是一步一步地走，那自然就叫"步"啦！下面再来看一下"步"的古文字字形。"步"的古文字字形就是一左一右两个脚印的样子。像这样慢条斯理地往前走，就是"步"啦！我们现代人所说的"散步""漫步"就来源于这个意思。

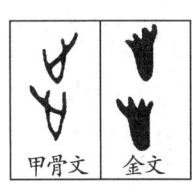

借助词序颠来倒去说助词

在文言的世界里，"于"可算是一个"拉关系专家"，虽然它本身的意思并不复杂，但因为它所链接的关系各式各样，错综复杂，所以它的意思也就跟着千变万化。最有意思的是，"于"是一个特别爱玩"颠倒游戏"的字，将句中词语常态的位置颠来倒去简直就是它的一大"爱好"。

我们先谈谈"于"的一个基本意思："在"，往往表示完成动作所处的环境（地点）。如："见巨瓶置于庭心。""一狼径去，其一犬坐于前。""一日，于驴上得句云。""散于各处。""贮于瓶中。"

有时，"于"调皮劲儿上来了就想做点游戏。虽然还表示"在"的意思，但"于"会将动作调整到前面，将地点调整到后面。例如：

戏于水。——在水中戏。

有蟋蟀鸣于墙下。——在墙下鸣。

列阵于阶前。——在阶前列阵。

昌以牦悬虱于牖。——在牖前悬虱。

女娲游于东海——在东海游。

逸马杀犬于道。——在道上杀犬。

秦青弗止，饯于郊衢。——在交衢饯行。

有时，在一句话中"于"的作用也是不同的。如："张僧繇于金陵安乐寺画四龙于壁。"前一个"于"是"在"的意思。而后一个"于"不只是"在"的意思。它还调整了词语的位置，也可以说是"于壁画四龙"。如此意思相同但"玩"法不同的情况，对"于"来说真是家常便饭。

有时"于"会表示某种针对性的观点，相当于"对于"："不义而富且贵，于我如浮云。"同样表示"对于"的意思，"于"有时也会调皮地调整句子中的位置，例如：

有损于人，无益于己。——对人有损，对己无益。

缲贵而简重，并不便于人。——对人不便。

有时"于"会表示完成动作的方向，也就是"到"的意思："大蜘尽收其丝于腹中。""漳水出焉，东流注于河。""羿妻嫦娥窃之奔月，托身于月。""继而迁于学宫之旁。"兴致一来，有"到"之意的"于"还会"玩"颠倒词语位置的游戏，例如：

田峻举趾于南亩，游人联辔于东郊。——于南亩举趾，于东郊联辔。

在处理人或事物之间的关系时，"于"还常常来做比较，例如：

人不读书，则于禽兽何异？——也可以将"于"理解为"与"。

但更多的时候"于"会将所比的事物特意调整到句末，以示强调。这时的"于"就是"比……还……"的意思，例如：

苛政猛于虎。——比虎还猛。

故见闻宜多于言语，劳动宜多于饮食也。——比言语多，比饮食多。

神于天，圣于地。——比天神，比地圣。

"于"的其他释义也会"玩"这种调皮的颠倒游戏。例如，"于"表示"从"的意思时：

家贫，无从致书以观，每假借于藏书之家。——从藏书之家假借。

"于"表示"跟从"的意思时：

薛谭学讴于秦青。——跟秦青学讴。

纪昌者，又学射于飞卫。——跟飞卫学射。

古人有学书于人者。——跟人学书。

"于"表示"被"的意思时：

善战者，致人而不致于人。——不被人致。

"于"表示"由于"的意思时：

生于忧患，死于安乐。——由于忧患而生，由于安乐而死。

有时"于"并不表示任何意思，但句子却不能缺了它。比如："青出于蓝而胜于蓝。"这句话中的第二个"于"表示"比……还……"，第一个"于"虽然没有具体的意思，可如果省略了它，那句子的意思就大变了。"青出于蓝"表示青色出自蓝草，如果省去"于"，"青出蓝"，那就变成青色里面出蓝草的意思了。像类似省略了"于"就可能改变句子意思的例子还有："共决于老者。""羿请不死之药于西王母。"

而下面这些句子，有没有"于"似乎并不影响句子的意思。不信，你去掉"于"读一读："汝之父母得罪于我。""食贫自给，不求于人。""有下人之色，将枉于法；枉于法，则免于相。""常衔西山之木石，以堙于东海。"可你若是再仔细读一读，删了"于"句子仿佛缺少了点儿什么。缺少了点儿什么呢？对了，就是缺少了对"于"后面词语的强调意味。

文言的味儿啊，正在此呢！

借助替身千变万化玩代词

文言与现代汉语一样有一些可以替代"万物"的词语，我们先来看《螳螂捕蝉》中的一个教学片段。

（课件出示句子：园中有树，其上有蝉。）

师：你能用自己的话解释一下这个句子吗？

生：花园里有一棵树，树上有一只知了。

师：这句话理解起来不难，请你思考一下这句话中的"其"指的是什么。

生：树。

师：对，"其"在此就代替了前面的"树"。那么你能按这样的方法找到其他句子中的"其"所指代的事物吗？

…… ……

由此，学生很容易就找出了"其"所有的指代（如下图所示）。

> 园中有树，其上有蝉，
> 蝉高居悲鸣，饮露，不知螳螂在其后也！
> 螳螂委身曲附，欲取蝉，而不知黄雀在其旁也！
> 黄雀延颈，欲啄螳螂，而不知弹丸在其下也！
> 此三者皆务欲得其前利，而不顾其后之有患也。

"之"在文言中的地位举足轻重。看后面的例句，"之"分别指代了什么？"父母乳哺之，怀抱之。子有疾，则父母忧之，加意调护，居不安，食不饱。诸生思之，父母育子，劳苦如此，岂可忘其恩乎。"短短的两三句话里出现了四个"之"。第一、二个"之"指的是父母的孩子，第三个"之"指的是"孩子生病"这件事，第四个"之"指的是"父母对孩子的疼爱"。

"之"百变其身，或人或物，万物可替。"之"就像孙悟空一样可以千变万化，它可以根据需要变成任何一人一物。第一，代人，即"他（她）"。例如：

群儿皆羡之，叩其术。——"之"指"他"，即击球技术好的冯家孩子。

众奔出视之，狼固无有也。——"之"指"他"，即那个谎说"狼来了"的孩子。

第二，代物，即"它"。例如：

既满，则扑而碎之。——"之"指"它"。

蚁王率之。——"之"指"它"，即蚁群。

鸦衔小石填之。——"之"指"它"，即瓶子。

藕有节，中有孔，断之有丝。——"之"指"它"，即藕。

第三，"之"亦可代事。例如：

过小溪，逢老媪方磨铁杵，问之。——"之"指老奶奶磨杵这件事。

飞卫高蹈拊膺曰："汝得之矣！"——"之"指射击的技术。

"之"还可以和"这"一样，明确表示任何一种事物、言论或者感觉。例如：

不以木为之者。——不用木料来做这个（字模）。

隔篁竹，闻水声，如鸣佩环，心乐之。——（喜欢）这里（的感觉）。

曾参闻之曰："参罪大矣！"——（听孔子说）这番道理。

"之"还可以像"的"一样帮助连接前后词语。这时，我们可以直接用现代汉语的"的"来替换理解。例如："以子之矛陷子之盾，何如？""人之耳目手足，各有其二。""萤，飞虫也。生于卑湿之地。"

有时"之"出现在某一句话中，虽然不影响句子的意思，但这个句子就不能单独成句了。例如："孤之有孔明，犹鱼之有水也。"这两个句子本来分别指刘备得到了孔明，鱼儿得到了水这两件事，但因为有了"之"，它们就不能单独成句了。"舜之事瞽瞍，欲使之，未尝不在于侧；索而杀之，未尝可得。""舜事瞽瞍"原本是可以单独成句的，但加了"之"后，这句话就成为后面行事方式的开头，不能单独成句了。

有时"之"就像个淘气的捣蛋鬼，能将词语前后"颠倒着玩儿"。例如："父母唯其疾之忧。"其实是"父母唯忧其疾"。"何不试之以足?"这句话其实是"以足试"的倒装句。"惟弈秋之为听。"即听弈秋（的话）。

有时"之"又像个好奇的孩子，纯粹"凑热闹"，在句子中不表示任何意思。当然有了它的参与，句子的音律节奏也就要进行调整了。例如：

弈秋，通国之善弈者也。——通国善弈。

宋人有闵其苗之不长而揠之者。——苗不长。

汝愚之甚，蔽之甚。——汝愚甚，蔽甚。

吾恐乌鸢之食夫子也。——乌鸢食夫子。

久之，目似瞑，意暇甚。——久。

对比一下，我们能发现去掉"之"，句子的意思并没有变，但加了"之"后，整个句子的音律节奏就有了非常明显的变化，这就是"之"的神奇之处。

有时"之"还表示"到、往……去"的意思。例如："吾欲之楚。""至之市，而忘操之。"

教师在日常教学中如此趣味盎然地去教学"之"的各种用法，学生自然能感受到汉语言的博大精深。

当你将原本繁杂而枯燥的语法知识赋予"童话"的色彩之后，它们就不再遥远、不再陌生，而是那样可亲、可近、可解、可读。这样的依循学生认知规律的小策略，可以提升学生的理解能力，开拓学生的文化视野，帮助学生形成一种文言阅读的自觉意识。最重要的在于学生会逐步树立起对汉语言文化的自信，这才不失为真正意义上的对传统文化的传承。

（此文发表于《教育视界》2017年第11期，人大《复印报刊资料.小学语文教与学》2019年第2期全文转载）

张扬的"我"和内敛的"吾"
——兼谈《小学生小古文 100 课》部分篇目的解读与教学

"张扬的'我'和内敛的'吾'"这个话题来自我的课堂,在教学《小学生小古文 100 课》的第一篇《放风筝》时,学生知道了"我"在古文中可以用"吾"来表示。学生在课堂上也常常做一些模仿性的运用练习,比如"操场上,跷跷板,汝在上,吾在下"。学生们"吾吾吾"的,其乐无穷。可后来随着对《五官争功》《狐假虎威》等篇目的学习,有学生提出了为什么文言里不是全都用"吾"来表示"我",而是有的地方用"我",有的地方用"吾"的问题。

其实我早就知道这样的一个常识,古文里的"我"还可以用"予""余""在下"等许多词语表示,而对于"我"和"吾",我自己也曾经有过一些想法,但从来没有想过要去好好研究。我查阅了一些资料,发现已经有不少人探讨过这样的问题,但他们多从语法结构上来分析"我"与"吾"的区别,而且最终也没有一个定论。这样的结果我在教学中是无法讲授的,因为不能给学生提供一个明确的答案。我准备从字的起源入手,给学生一个相对有据且有趣的回答,这当然也算不上最终答案。我遵循了"小"角度教文言的原则,激发学生学习文言的兴趣,在此与大家交流,但愿能引发大家更多的思考。

"我"是一个极具个性的字

"我"的古文字字形怎么看都是极具武力特性的，形似一种有柄的兵器。这一点已经得到古文字专家的一致认可。那么"我"是如何逐步演变出表示自称的含义的呢？

其实在殷商时期的甲骨文中，"我"已经很少以兵器这一本义出现了，只是偶然见于一些用作动词（宰、割、切等）的情况中，比如"廿牛不我"；而作为代词用的时候，"我"多指群体性事物，比如"我部落""我们""我国"等。后来，随着私有制的出现，个人的私欲渐旺，占有欲渐强，代表个人的"我"便顺应历史潮流出现了。

在《诗经》中有590个"我"字，却只出现了一个"吾"字，还不是指自己的意思。可见在《诗经》中收录的诗歌的创作时代，"我"真的很自由。无论是男还是女，无论是贵族还是贫民，无论是国家还是个人，都可用"我"来表示："投我以木李，报之以琼玖""人之无良，我以为君""终窭且贫，莫知我艰""硕鼠硕鼠，无食我苗！三岁贯女，莫我肯劳"……无论是对男女之情的倾诉，还是对国家利益的维护，"我"都极具张扬的个性。

后来渐渐地出现了"吾"字，"吾"是个非常"内向"的字。《庄子》中有203个"我"字，420个"吾"字；《论语》中有47个"我"字，113个"吾"字。其中，"我"字的"斗性"一直未减，如《左传》中的《曹刿论战》开头就写道："十年春，齐师伐我。"自先秦到汉唐，"我"字的使用频率逐渐降低，表示单数的第一人称大多用"吾""余""予"。《史记》中有855个"我"，941个"吾"，唐代以后，尤其是到了近现代，"我"字的使用频率越来越高，虽然它不再含有"兵器"之本意，但发展至今，我们仍可从保留在"我"字字形中的"戈"体会到它所闪现出的兵刃之光:"我家""我国"表现出对利益的捍卫,"自我""我行我素"表现出张扬的个性,"敌我"表现出火药味,"我等""我辈"表现出群体意识。所以说"我"是一个极具个性的字。

"我"之外向的个性

学生了解了"我"字的个性,就能在无声的、细节性的体验中去理解文本,在诵读的过程中,自然会读出"我"字的个性。现将一部分具有代表性的用法汇总如下。

将"我"字好斗本性保留得最好的是《性刚》中的这句话——"父寻至见之,谓子曰:'汝姑持肉回,陪客饭,待我与他对立在此。'""我"字表现出气势汹汹的架势。

"我"字的霸气在《豺烹羊》中也有所体现——"豺复责曰:'汝去年某日,出言得罪于我,亦该杀!'""我"字表现出豺蛮横无理、咄咄逼人的样子。

下面这段话中"我"字极具挑衅意味:

洪教头道:"大官人只因好习枪棒,往往流配军人都来倚草附木,皆道我是枪棒教师,来投庄上,诱些酒食钱米。大官人如何忒认真。"

洪教头……便跳起身来道:"我不信他。他敢和我使一棒看,我便道他是真教头。"(出自《水浒传》)

洪教头满心的不服气和傲然全在那"我"字上得以体现。

"我"在群体中逞强好胜、爱出风头的特点在这段话中也得以体现:

……又道:"那一个有本事的,钻进去寻个源头出来,不伤身体者,我等即拜他为王。"连呼了三声,忽见丛杂中跳出一名石猴,应声高叫道:"我进去!我进去!"(出自《西游记》)

正因了石猴这次好胜的出头才有了后面那一系列故事,才有了在中国古典文学中大放异彩的孙悟空。

在《北人不识菱》的这句话中，"我"对自己的无知辩解，也能表现出人为了维护自尊心所做出的"自卫"举动："其人自护所短，曰：'我非不知，并壳者，欲以去热也。'"

当为了某些目的夸大其词地彰显自我时，就更离不得"我"字，例如《狐假虎威》中的这段话：

狐曰："子无敢食我也。天帝使我长百兽，今子食我，是逆天帝命也。子以我为不信，吾为子先行，子随我后，观百兽之见我而敢不走乎？"

狐狸原本是没有威慑力的，但求生的本能及智慧使其拥有了自救的力量：左一个"我"，右一个"我"地夸大着。

在说明感悟出的某种道理时使用"我"字，是极具说服力的，例如《公仪休拒收鱼》中的这一段话：

虽嗜鱼，此不必能致我鱼，我又不能自给鱼。即无受鱼而不免于相，虽嗜鱼，我能长自给鱼。

正是通过这样的现身说法，才使得弟子明了"恃人不如自恃"的道理。

在对话中强者、高手自称时亦常用"我"，例如："飞卫曰：'未也，必学视而后可。视小如大，视微如著，而后告我。'"飞卫是纪昌的师父，所以语调可以居高临下。

在朋友之间的对话中，"我"字有时含有奚落调侃之意，例如《性缓》中的这段话：

其人遽收衣而怒曰："何不早言？"曰："我道君性急，果然。"

这个"我"字尽显此人性缓至极而展现出来的自以为是的从容。

"我"字作为自卫的工具时，当然不只是以武器的形式出现，语言也是一种有力的武器。当为了某个是非、功过争辩时，"我"的个性就发挥得淋漓尽致，例如《五官争功》中的这几句话："我谈古今是非，尔何能居我上？""饮食非我不能辨。""我近鉴毫端，远察天际，惟我当先。""尔有何功居我上？""我虽无用，亦如世有宾客，何益主人？"

"我"与"吾"之个性对比

说过了"我"字，必然要交代一下"吾"字。现在公认的关于两者之间的区别的观点是：上古时代，"我"和"吾"在语法上有区别，"吾"不用于动词后面作为宾语，所举最多的例证就是《庄子》里的那句："今者吾丧我。"

我们也可以根据"吾"的字源来稍做理解。吾，从五从口，其义有多解。有人认为"五"位居一至九这九个数字之中，有自我为中心之义；也有人认为"五"交错的线条可能是远古巫术符号，含有"禁止"的意思。由此可以推断出"吾"是对自我言语的约束和限制，又引申为内省，例如，"吾日三省吾身"。相对于"我"的"好斗、张扬、外向"，"吾"显示出其"文雅、自省、内向"的特点。

"我"和"吾"在《论语》中都是极其常见的，试举它们一并出现的例子来对比一下：

颜渊喟然叹曰："仰之弥高，钻之弥坚。瞻之在前，忽焉在后。夫子循循然善诱人，博我以文，约我以礼，欲罢不能。既竭吾才，如有所立卓尔。虽欲从之，末由也已。"

这段话中的"我"代表的是自己无知、放任甚至顽劣的状态，故而需要夫子博以文，约以礼，而后对自己才能之评估自当用"吾"。

《杉苇刚柔》一文中也有"我""吾"同时出现的情况，我们不妨也来对比着理解一下：

一日，其杉讥诮其苇曰："看尔体如柔丝，性如流水，每每随风而舞，风东则东，风西则西，毫无刚气，何如我正直不屈，岂不快哉！"

苇曰："刚柔各有所长。吾虽懦弱，究可免祸；汝虽刚强，犹恐安身不牢。"

杉的"刚直"个性正是通过"我"来彰显，苇的"阴柔"个性则由"吾"来体现。再如《鹿照水》中的这一句："鹿悔曰：'我尚恨其脚小，而夸其角长，不知救吾命者，脚也；丧吾命者，角也！'"鹿对自我的悔恨懊恼全在那迎头的一个"我"字上体现出来，而对自身的反省则通过"吾"来说明。三如《南辕北辙》中的这段话：

今者臣来，见人于大行，方北面而持其驾，告臣曰："我欲之楚。"臣曰："君之楚，将奚为北面？"曰："吾马良。"臣曰："马虽良，此非楚之路也。"曰："吾用多。"臣曰："用虽多，此非楚之路也。"曰："吾御者善。"

这个人第一次的回答显然是信心十足，甚至有点趾高气扬的，然而随着别人的追问，他的回答中含有了反思的成分。

"吾"之平和的个性

相比而言，"吾"字所在的语境比"我"字要平和得多。例如：

《放风筝》中："青草地，放风筝。汝前行，吾后行。""吾"是这句话中的不定指，体现出游戏中两者之间平等的关系。此句中的"汝"和"吾"的位置并非固定，只是随性的安排。

《郑人买履》中："已得履，乃曰：'吾忘持度。'反归取之。"这句话的语境是对自我言行的解释。

《狐与葡萄》中："乃口是心非，自慰曰：'似此葡萄绝非贵重之品，罕见之物。况其味酸涩，吾从不下咽。彼庸夫俗子方以之为食也。'"其语境纯粹是对自我的安慰。

《夏》中："栩栩然，蝶欤周欤，吾不得而知也。"其语境全然是一种自我沉醉。

《蜀鄙二僧》中："曰：'吾一瓶一钵足矣。'"这句话是在淡定地说明他只需要一个水瓶、一个饭碗就能够到南海去了。

《歧路亡羊》中："曰：'奚亡之？'曰：'歧路之中又有歧焉，吾不知所之，所以反也。'"这句话的语境是杨子的邻居对路途感到迷惘。

《人生小幼》中："吾七岁时，诵《灵光殿赋》，至于今日，十年一理，犹不遗忘。"这句话是在回忆自身的过去。

《自相矛盾》中："楚人有鬻盾与矛者，誉之曰：'吾盾之坚，物莫能陷也。'又誉其矛曰：'吾矛之利，于物无不陷也。'"虽然商家卖东西要展示商品，但面对买家，商家在叫卖时还是要有点"自谦"的。若将这段话中的"吾"改成"我"，语言情感上就明显有了变化，带有了挑衅的意味，这样说话就不符合经商之道了。

由此可见，每一个汉字都值得我们深入研讨，那将其乐无穷。"我""吾"各有个性，其实，除了"我""吾"之外，还有"予""余""尔""汝"……它们又是何等面目，又蕴含着怎样的情趣？文言教学的路，我们才刚刚起步。

学生提出的问题往往是最"真"的问题，教学中，像这样的提问有很多。文言中的"我"其义实在深远，我只是因为学生的发问而有所介入，在今后的教学过程中我还将不断探索。追其根，溯其源，一切问题都将于轻巧中得到答案，这正是我们文言教学悠远而愉悦的探求之路。

"我"的诗情，你的童话
——诗情地吻醒国学里的童话

任何生命个体都有自己的诗情，尤其是人类。通过语言文字的传承，诗情就会因呈现和吸纳变得生动而绚丽起来，各种语言文字也因为有了这份亘古的诗情而变得"能歌善舞"起来。这就是文字的魅力，它能使每一个生命体以诗意的方式存在着。

一个小学语文教师的诗情莫过于发现语文教学中的诗意。表达（广义的呈现），就是用言语表现自己生命的存在；阅读（广义的吸纳），就是去吻醒言语背后生命的诗情。这两个从属于语文教学范畴的简单行为，自然是语文教学的重要部分，循环往复，生生不息，如何诗意地栖息其中正是大家孜孜以求的。

2012年的小语界，国学经典与儿童文学经典（以童话为主）常常处于对立的状态。倡导读经（国学经典）者，非"经"不谈；倡导阅读儿童文学者，谈"经"色变。而我和我的学生却在一种自然和谐的状态下，"用诗情点燃童话"。

故知中童话的牵引

我自小就喜爱文学，属于遇着什么书都读的那种喜爱，人到中年，逮着大批涌来的儿童文学书籍竟然也能手不释卷。一次，我在听专家介绍英国著名作家朱莉娅·唐纳森的《小房子变大房子》时，脑海里不断地盘旋着这样一小段话："将欲歙之，必固张之；将欲弱之，必固强之；将欲废之，必固兴之；将欲夺之，必固与之。"这段话出自《老子·第三十六章》，全文我已经背不出来了，可我在读这个外国童话时，这段话竟一下子蹦了出来。欣欣然！童话没有时空限制，被有些人认为极易禁锢人们思想的国学也不例外，它们都有鲜活的生命，只是我们没有用适合学生的方式帮助学生去感知。

对联中童话的传承

对联作为中国传统文化的一部分，其传播的广泛性远远超过了"四书五经"。除此以外，对联对汉语言文字的锤炼可谓到了极致："吟安一个字，捻断数茎须。"某版小学语文教材曾经在四年级上册的第七单元中安排了《春联》一课，课后练习环节中又安排了一个补字练习。如果仅按"字数相等，词类相当"的要求来指导"风拂千条柳，雨□万朵花"的补字练习，那么这就只是一个"填充训练"而已，学生们也只能感受"断须"之苦，无法品尝"断须"的成就之乐。这时，我让童话介入了我们的课堂。

初读题目要求后，我不做指点任由学生填写，他们虽然也填出诸如"打、浇、洒"之类的动词，但毫无美感可言，更无诗意。我引导他们先弄清对联中包含的事物：风、柳、雨、花，再进入下联的"雨和花"中，并引入了几句"花雨诗"：

沾衣欲湿杏花雨，吹面不寒杨柳风。

夜来风雨声，花落知多少。

落花人独立，微雨燕双飞。

小楼一夜听春雨，深巷明朝卖杏花。

玉容寂寞泪阑干，梨花一枝春带雨。

随风潜入夜，润物细无声。

通过诗情的引发，学生填出了"湿、润、催、唤"等字。但这种引入诗情的方式带有一定的强制牵引意味，是诗人和教师的情感激发美化了这一过程。我还是更想让学生进行有个性的练习："见过雨中的花儿吗？你愿意做雨，还是花？"随后，让"雨儿们"根据自己的性格选择做"滂沱大雨"还是"绵绵细雨"，并说说自己在做些什么；让"花儿们"按照自己的喜好成为百花园中的一朵，并谈谈在雨中的感受。这就使每个学生都拥有了关于"雨和花"的童话故事，结果当然是精彩纷呈的：赞、吟、踩、压、扑、拍、捏、灌、欺、掩、夸、伴、艳、颂、乐、欢、喜、绣、喂、育、聊、丽、耍、玩、追、求、依、生、新、学、考、问、彩、摇、撒、数、思、念、想、装、搂、点、画、化、变、罩、闻、吻、护、抱、淋、抚、摸、洗、刷、揉、穿、红、亲、启、香、爱、呼、梦、赏、开、逗、舔、笑、戏……

我们可以透过每一个字读到动人的画面。这样的"断须"过程是多么快乐。至于对应景（春季）和应韵（对平声的"拂"当取仄声）的取舍自然水到渠成了。作为教师的我分明在阅读着一个个生动有趣的童话故事，此乐为教之乐，亦为学之乐，可谓其乐融融。

古诗中童话的唤醒

但凡热爱语言者，其诗情皆浓。作为小学语文教师，最大的幸福莫过于过如诗般的生活，这自当是为人师者的至美境界。德国作家莫妮卡·菲特所著的《擦亮路牌的人》讲述了一个普普通通的擦路牌的工人的故事。他从不奢求生活有所变化，因为偶然听得一对母子的对话，竟"擦亮"了自己的工作——每天所擦的路牌，上面竟然都是音乐家和诗人的名字，而自己对此却一无所知。进入音乐和诗歌的天地，这个工人的工作和生活都被"擦亮"了，这份愉悦的工作也让他无形地"擦亮"了路人,"擦亮"了世界。艺术对生命存在的影响竟然如此之大。面对古诗教学,我们要做的不应只是带领学生读、背、积累,了解表层的含义,而应引领学生用自己特有的诗情去吻醒那千百年前的灵魂,"擦亮"自己。

以《江雪》一课为例,无论是从古诗形式方面,还是从创作的时代背景、作者生平方面,人们对这首诗的研究可谓精彩纷呈。可如果我们想引导学生从政治、哲学甚至人生的层面去理解这首诗,别说四十分钟,就算是四个小时也无法完成,还可能让学生对古诗敬而远之。因此,我利用儿童特有的"童话"带领学生在充分诵读的基础上进入了与作者对话的层面。

师:读了这首诗,你觉得诗人有怎样的感受?

生:孤独。

师:请说说你的理解。

生1:"千山鸟飞绝",我想并非山中真的一只鸟都没有,可能是因为天气太冷,也可能是因为柳宗元根本没有关注它们。

生2:"万径人踪灭",也是一种孤独。山里可能人迹罕至,但还不至于"人踪灭",因为既然柳宗元能来,别人肯定也能到这里来。我想是这里根本没有柳宗元想要见的人,所以他才觉得身边无人。

生3:大冬天的到江面上来钓鱼,说明他在家中实在待不下去了,有很多的愁苦没地方倾诉。

生4:老师您说过,看事物后所产生的情感是来自人心底的。柳宗元是因为自己孤独,所以才觉得小船也孤独。

师:看来大家明白了,虽然是在隆冬季节,可这个世界其实还是充满生机的,只是柳宗元自己孤独寂寞,所以才写出了这样的诗句。柳宗元将这份孤独传递出来,直到千百年后的今天,我们一样可以感受到诗中的阵阵寒意。请想象柳宗元垂钓的环境中还有什么。

生1：江水。

生2：雪花。

生3：小船。

生4：江边的树。

……………

师：现在假设你就在这样一个画面里，请写下你的经历。

附学生当堂练习。

江　雪（雪花版）

黄　婕

我是一片洁白的雪花。我给大家吟诵一首诗：千山鸟飞绝，万径人踪灭。孤舟蓑笠翁，独钓寒江雪。

这首诗是我的好朋友柳宗元在认识我时写的，如果你想知道这期间发生了什么故事，请听我慢慢道来。

在一个冬天，大雪纷飞。花儿枯萎了，草儿也枯萎了，大树的叶子都落了。我飘落在一个人的钓钩上。我听云爷爷说起过人间有一个叫柳宗元的才子，他提出的意见遭到了朝廷官员们的反对，没有人赞同他，就被流放到了永州，面前的这个人就是他。

我有些疑惑，柳宗元为什么要在这么冷的天钓鱼呢？更何况这种天气鱼还会出来吗？我就问他："柳河东爷爷，您为什么要来钓鱼呢？冬天不会有鱼出来的啊！""唉，我也是万般无奈呀，我被流放到永州，很孤独，我的亲人朋友都不在身边，有时候我钓着钓着就不自觉地想起在故乡和孩子们玩得开心的情景，想起跟朋友们画画、吟诗、作对的情景……我垂钓是想把原来的快乐心情钓回来，把老百姓的平安和幸福钓回来。"柳宗元看起来很伤心的样子，我很想安慰安慰他，便说："那我能跟你做朋友吗？""能呀，我们已经是了。"从此，我们成了好朋友，柳宗元也不孤独了，天天来江面上与我说话。

江　雪（小舟版）

高成龙

　　一天，柳宗元坐在我的身上来到永州的江面上，那天正好下着鹅毛大雪，柳宗元竟然还在水面上钓鱼。我觉得他真是太傻了。冬天，而且又下着雪，怎么可能钓到鱼呢！过了一会儿，我看见山野里的鸟儿们几乎都没了踪影，山里的小路上也几乎没了人的踪迹，我感到太无聊了。

　　又过了不知多长时间，雪变得愈来愈大了。柳宗元从我的舱里找到了一件蓑衣和一顶斗笠穿戴上。这时，我觉得后背有一点疼，一看，原来有一条小鱼儿不停地朝我的后背撞着。我就往旁边一闪，让那条鱼自己跳到我的舱里来，让柳宗元也高兴高兴。可是，出乎我意料的是，柳宗元非但没高兴，反而把那条鱼给放回家了。

　　把鱼放回家后，柳宗元又开始钓他的"鱼"了。我这回可总算看出了他的心思。其实啊，他钓不钓到鱼都无所谓，他只是想通过"钓雪"来排遣他的孤独。想到这儿，我突然感觉有点儿冷，打了个喷嚏。

　　这时，我听到柳宗元低声吟诵道："千山鸟飞绝，万径人踪灭。孤舟蓑笠翁，独钓寒江雪。"

　　柳河东怎么也想象不到自己是这样被人欣赏着的，欣赏他对生命的感受，欣赏他的诗情……我们又怎能不说这份诗情唤醒的正是一个被封存已久的童话呢！

（此文发表于《新作文创新教学》2012年1~2期合刊）

小学生读懂学透《千字文》要略
——兼谈小学文言整本书阅读指导

随着《关于实施中华优秀传统文化传承发展工程的意见》的发布，传统文化在学校教育中日渐复兴。自 2005 年以来，我一直潜心于小学文言教学的探索和研究，由最初在课堂上主动切入文言教学，到编撰适合小学生阅读的文言读本（主编《小学文言一百课》，参与编写《小学生小古文 100 课》），再到探讨文言整本书阅读指导策略，一路走来，主要贯彻和体现的理念就是"童话地吻醒国学"——以儿童的方式去解读我们传统文化中的那份赤子之心。

当前，经典阅读进行得风生水起，我们不仅要重视课标规定的诗文的教学——一节课实现对一首诗的品味，或是对一篇文言的诵读，还要重视文言整本书的阅读指导。大部分学校传统文学的教学仍然处于"背"的层面。没有经过引导的死记硬背虽然也能产生一些所谓的效果，但无法让经典自然地转化成利于儿童身心发展的滋养元素。也许有人会依循许多专家的经验认定要"先背下来再说"，将来某一天会有用。此话看似不无道理，也不乏例证，但请问何以不能普众?！不正是因为例证为特例，道理为个案吗？更多学生需要的是一种可吸收的营养，只有适合他们感知需求和能力的阅读方式才是最利于他们成长的。因此我认为，文言整本书的阅读也是需要教师以适合学生的方式进行指导的。2017 年暑假，我开始在微信平台用音频讲读《千字文》，共分为三十一讲，隔两天一讲，发布后深受学生的喜爱。在学生家长和同行们的建议和帮助下，我于2018年将这些音频课整理成《读懂学透〈千字文〉》一书，本篇即我在讲解和整理《千字文》过程中的一些探索和思考，以供致力于小学文言整本书阅读推广者参考。

读故事——字字引经，句句含典

故事永远是学生最喜欢的，而《千字文》又可谓是字字引经，句句含典。故事可以让那些陌生的文字生动起来、温暖起来，有了故事铺垫的记忆是丰润的。《千字文》中的故事大概分这样几类。

（一）笔记故事

这类故事并非出于史书，也非纯粹的民间传说，多为文人之间的聊天内容，常常出现在一些文人的笔记之中，无从考证，虽然略带夸张色彩，但也并非完全杜撰。比如，《千字文》的成书故事就属于此类：南朝梁武帝命大臣殷铁石拓出王羲之书碣碑石互不重复的一千个字，以赐八王学习，所以这篇韵文原来的名字叫《次韵王羲之书千字》。殷铁石拓出后，此千余字互不联属，梁武帝又找来周兴嗣，对他说："卿有才思，为我韵之。"他要求周兴嗣将这一千个字编成有意义的句子。周兴嗣受命之后，在一夜之间就将这一千个字编纂成了《千字文》，次日上朝就呈给梁武帝。但因用脑过度，周兴嗣鬓发皆白。此事不会有假，但至于"一夜而成""头发全白"之类的细节可能是想象出来的情形。我在教学《千字文》讲到周兴嗣的时候，以与其同姓为骄傲，还提名班级里一名叫孙嗣杰的同学，以其"嗣"代入，学生一下子觉得周兴嗣是那么可亲，连《千字文》也可亲起来。这就是一种导读效应，在教师的引导下，那些文字有了温度，学生和文字自然就亲近起来了。

(二) 史料记载

《千字文》是极其严肃的蒙学读物，其知识性是第一位的，有许多历史故事在其中。如何将历史故事讲得轻巧而可亲？这里可试举一例。在给学生们讲"吊民伐罪，周发殷汤"这句话时，我首先从人称开始讲述："此句中列举了两个王——发和汤。周发不是说这个人姓周，这里的'周'是一个朝代名，'发'指周朝的开国君主周武王姬发。根据这样的一个句式来理解，你应该能猜出来'汤'是哪个朝代的人。"学生会依此思考得出："汤"应该是殷代的。但是按时间顺序应该是"殷汤周发"，因为殷朝在前，周朝在后，那为何说成"周发殷汤"呢？我再次引导学生从前后句子中找一找原因，大家很快发现是因为要押"唐（ang）"韵。在学生充分理解了"吊民伐罪"的含义后，我又给学生讲述了殷汤和周发的故事。这就使得历史故事"久"而不"远"。

(三) 趣闻逸事

整篇通解下来，学生对于文中所涉及的一些趣闻逸事特别感兴趣。比如讲到"布射僚丸"时，相比善射的吕布，他们更感兴趣的是那玩弹丸的熊宜僚。《庄子·徐无鬼》中记录："市南宜僚，弄丸而两家之难解。"即春秋时期楚国的勇士熊宜僚凭借抛丸绝技，调解了两家纠纷。借此我给学生补充了一个关于他的趣事。

这熊宜僚的抛丸绝技可不是一般的扔扔瓶子、抛抛火把那样简单的杂耍，他可以同时抛接空中的九个丸（类似于小球的东西），八个丸在空中运转，一个丸在手中，就这样循环抛接，最重要的是人家只用单手，对，就是一只手。厉害吧？如果在你面前表演你一定会看傻眼。哈哈，这就对了。《丸经·序》里说："昔者，楚庄王僵兵宋都，得市南勇士熊宜僚者，工于丸，士众称之。"楚军包围了宋国都城，久攻不下。熊宜僚就在两军阵前表演抛丸绝技——就那样单手抛丸，宋军将士都看傻了。突然，楚军杀过来，宋军自然是大败。

这样一来，"僚丸"两个字立刻变得趣味横生，有些学生甚至对这种杂技跃跃欲试：自制一些"丸""球"，或是就地取材，进行抛"丸"练习。

（四）人物演义

故事离不开人，那些故事里的人都有独特的个性。周兴嗣在创作《千字文》的过程中对人物的聚散安排都是极为用心的。比如，文后对在历史中沉浮的人物予以集中评价："布射僚丸，嵇琴阮啸。恬笔伦纸，钧巧任钓。"十六个字里包含了八位历史人物，除了前文中提及的吕布和熊宜僚之外，还有嵇康、阮籍、蒙恬、蔡伦、马钧、任公子。讲完这八个人的"典型事迹"之后，学生发现，这些人物都极具代表性：或神勇或奇巧，或淡雅或高远，或灵巧或坚韧，或善改良或善发明……其实，这八位的故事只是历史长河中的一朵小小的小花，但他们因有所作为而被写入历史，让自己的生命以另一种方式得以延续。

我在讲《千字文》中的单个人时自然会将这个人置于一定的时代背景下讲述，以突显其形象。他们或于乱世之中纷争智取，或于开明盛世之中发明创造……无论是讲述三国时局、竹林七贤还是四大发明，甚至《庄子·外物》中的篇章，我都不以含糊语句带过，看似信息量很大，其实这是一种"微刺激"，如果长期且屡屡如此，学生自然会对信息有自觉的反应。比如说起"任钓"，就有《庄子·外物》的记载进入课堂。

任公子为大钩巨缁，五十犗以为饵，蹲乎会稽，投竿东海，旦旦而钓，期年不得鱼。已而大鱼食之，牵巨钩陷没而下，骛扬而奋鬐，白波若山，海水震荡，声侔鬼神，惮赫千里。任公子得若鱼，离而腊之，自制河以东，苍梧以北，莫不厌若鱼者。已而后世轻才讽说之徒，皆惊而相告也。夫揭竿累，趣灌渎，守鲵鲋，其于得大鱼难矣。饰小说以干县令，其于大达亦远矣。是以未尝闻任氏之风俗，其不可与经于世亦远矣。

将这段文字通读一遍，再将其大意讲清，就得到了有趣的人物故事。故事中的任公子原另有其名，但因为这个垂钓的故事，人们就叫他任钓了。这既是他个性的彰显，也表现了世人对其极大的敬重。不知道写《老人与海》的海明威有没有读过这个故事，任钓这种钓大鱼的气度与他书中写的老人实在太像了。

我们现代人读古代的书，无论是阅读的视角，还是诠释的理念，都是基于原文的现代思维。

重融汇——上下照应，前后互通

在统编版小学语文教材出现之前，各种版本的教材中还是有零星的文言内容的，诸如名人名言、警句摘录之类的，但都只是些片段式的。《千字文》既是片段又是整体，就其内容来看，随意一个句子都可以自成体系，那么，这一千个字何以如此自然而贴切地黏合在了一起呢？贯串其中的那根"绳"何在？当你有了课程意识，有了整本书阅读策略之后，这根"绳"就会被你悄然运用到解读中去。

（一）一字之琢，古今贯通

读"天地玄黄，宇宙洪荒"这一句，自然就能想到盘古开天辟地的故事。"天地玄黄"就是在讲天地的颜色，其实应该是"天玄地黄"，这样一调整，我们就知道了"玄"也是一种颜色。于是，我在讲读中提出这样的问题：根据"地黄"我们知道了苍茫的大地是黄色的，那么你们能推断出"玄"是一种什么样的颜色吗？让学生带着这样的问题去思考，去琢磨——黄指地色，玄即天色，那么天是何色？当然是苍青色。"玄"在古代本指黑色，学生觉得这个意思在此处似乎无法讲通，我就借助《盘古开天地》的故事来帮助他们理解："天地混沌如鸡子。"天地之间就像一个封闭的鸡蛋，封闭其中当然是暗无天日。那种天地混沌近于黑夜之色，即玄色。因为黑夜充满了无解的秘密，所以"玄"自然有了神秘的内涵，由此衍生出"玄妙"的含义。"玄之又玄"的"玄"通过如此具体的还原色彩环节变得可触可感了。这正是形象思维与抽象思维之间的互通。

（二）互文互解，前后交错

创作是有技巧的，对于这些技巧的分析当然也是一种有趣的探索。比如，"罔谈彼短，靡恃己长"这句话中的"罔"和"靡"都是不要的意思，"彼"即他人的意思，与其对应的就是"己"——自己。这句话逐字理解就是：不要谈论别人的短处，不要卖弄自己的长处。

在交流中有学生提出了自己的疑问：那是不是就只能谈别人的长处，说自己的短处呢？其实这种句式不可以这样单一理解，要将前后两句交叉起来理解，即不要经常说长道短，而应取长补短。这种写作方法叫互文，也叫互辞，是古诗文中经常采用的一种修辞手法。文言中对它的解释是："参互成文，含而见文。"这种语法描述别说是文言的，即使是现代汉语的，直接讲给学生，他们也无法理解。但是不讲的话，学生理解起来就会有局限，所以我就换了一种学生能理解的方式来描述：这种方法就是上下两句或一句话中的两个部分，看似各说一件事，实则是互相呼应、互相补充，说的都是一件事。由上下文意互相交错、互相渗透、互相补充来表达一个完整的句子意思。哈哈，是不是有太多的"互相"啊！说得好玩儿一点就是前后两个句子互相"帮助"说清同一件事、同一个理儿。在流传甚广的《木兰辞》中有很多这样的应用："东市买骏马,西市买鞍鞯,南市买辔头,北市买长鞭。"如果直接按字面意思理解就是,到东市买了骏马,去西市买了鞍鞯,往南市买了辔头,从北市买了长鞭。其实这四句的意思是到街市各处走走,备办鞍马、长鞭等一些作战工具,并不是说骏马只能在东市买,长鞭必须在北市买,一处只能买一样东西。再如"秦时明月汉时关"一句,不能割裂地解释为秦时的明月汉时的边关,而应该理解为秦汉的明月照着秦汉的边关,古之明月照着古之边关。

这种互文的修辞手法在《千字文》中极为常见,所以很有必要讲清它。事实上学生对这种有意思的修辞手法非常感兴趣,最重要的是可以提高他们联系上下文、贯通理解句子的能力。

(三) 同理相连,上下印证

知识只有在运用中才能被人完全掌握。讲到"诸姑伯叔,犹子比儿"这一句时,我要求学生以爷爷、奶奶或是外公、外婆为主干,画一画自己的血脉至亲图。接下来讲到"孔怀兄弟,同气连枝"时,我就告知学生:有血脉关系的人来自同一枝干,"同气连枝"就是指一脉相承的血亲。《吕氏春秋·精通》里说:"父母之于子,子之于父母也。一体而分形,同气血而异息,痛疾相救,忧思相感,生则相欢,死则相哀,此之谓骨肉之亲也。"也就是说至亲血气相通,自然应该同甘共苦,荣辱与共。至此,经典中对亲情的表达就在这样的过程中与学生的现实生活有了通连。

(四) 正反明析,辩证思维

讲到"交友投分,切磨箴规"时,我先从"友"字最初的字形讲起。"友"最初的字形就是两个人手拉手的样子。当然真正的好朋友不能只是手拉手在一起玩,真正的好朋友应该是共同进步的,这就需要朋友间互相学习,互相切磋。所谓"同门为朋,同志为友",就是只有志趣相投的人才可能成为好朋友。再逐字分析"切磨箴规"的意思。"切"与"磨"都是打磨的意思,"箴"是劝告、劝戒的意思,"规"是规劝的意思。好朋友在一起要学习对方的优点,当看到对方缺点的时候,也应该真诚地指出来,帮助朋友改正。这里的指出缺点与前文中的"罔谈彼短"是有本质的区别的,最大的区别就是心态和目的的不同。"罔谈彼短"是指不要只看到别人的短处而看不到别人的长处。"谈彼短"的心理是一种幸灾乐祸的不健康心理,而且在背后揭人短处常常有一些比较阴暗的目的;"切磨箴规"时的心理是健康的,因为是带着希望朋友越来越好的目的的。

(五)里外补充,典籍拓展

阅读永远是一个"无底洞",一旦进入,你只会感觉越来越宽阔。像《千字文》这样包含千经百典的奇书给人感觉更甚。试举一例。"嫡后嗣续,祭祀烝尝"中"祭祀"的意思大家都懂得,而"烝"和"尝"则是指不同时节的祭祀,这就需要教师给学生补充相关知识。《礼记·王制》中对于祭祀有明确的说明——"天子诸侯宗庙之祭:春曰礿,夏曰禘,秋曰尝,冬曰烝。天子祭天地,诸侯祭社稷,大夫祭五祀。"祭祀一般在四季的孟月(每一季的第一个月,另外两个月为仲月、季月)举行,加上腊祭,每岁共五祀。《千字文》中的"烝"指冬天的祭祀仪式,"尝"指秋天的祭祀仪式,合用在此就代表了祭祀的类别。《诗经·小雅·天保》中也这样用过:"礿祀烝尝,于公先王。君曰卜尔,万寿无疆。"

书一经打开,你就不只是在读这一本书了。教师在讲解中出示的一些典籍链接,不只是知识的补充,更多的是阅读启蒙价值的体现。

学品味——同中有异,词列有序

《千字文》作为一篇奇特的命题命字限格作文,其艺术技巧是必须要引导学生去正视的，如果仅从故事的趣味性角度切入让学生去理解内容，那只能是浅层次的阅读。但是对于小学生来说，像文学家一样去研究鉴赏也是不现实的，所以，引导学生感悟这"奇文"之"奇"也是需要"童话"方式的。

（一）用字避同，品其苦心

《千字文》最显著的创作特点就是千字不同，那么作者在创作过程中如何避开重复的情况，在面临可能重复用字的时候，又是如何取舍和替换的呢？这是值得玩味的。比如"剑号巨阙，珠称夜光"这一句，在我讲完了"巨阙剑"和"隋侯珠"的故事之后，学生知道了有一颗夜间能发光的珍珠，接着我让学生思考：为什么说起这夜明珠，作者不说"珠称夜明"而说"珠称夜光"呢？细品理由有二：其一，联系上下文进行诵读就会发现，"光"和其他三句中的"霜""冈""姜"同韵，这样读起来朗朗上口，也就符合了梁武帝"韵之"的要求；其二，梁武帝要求这千字不重复使用，而在文章的后面有一句"右通广内，左达承明"，其中的"承明"是汉代未央宫中一座宫殿的名字，当然不能随便乱改，但"夜明"是可以用"夜光"来替代的。这就是一个字所蕴含的心思。

（二）以部归字，品其慧心

依据小学生的认知特点，学习《千字文》还是应该从字词入手，这也是蒙学的意义所在，《千字文》原本就是中国传统蒙学读物之一。归类理解是一个非常重要的识字技巧。比如学习"性静情逸，心动神疲。守真志满，逐物意移"这两句时，我让学生圈出含心字部（"忄"和"心"）的五个字：性、情、心、志、意。有人认为我国古人对于人体的了解不够，认为一切思考源于心，所以许多动"心思"的字都与"心"相关。其实这样的说法是错误的，我们的先辈不仅知道思考是大脑的行为，更科学地明白心与脑的关系，由此就引出了另一个字：囟。"囟"就是连着婴儿颅顶盖各骨间的膜质部。"囟"字外边的框比一般的框多了表示头发的一撇，里面的"×"是一种禁令的符号，表示要小心，不可触碰。如果你见过刚出生的小宝宝就会发现，他们的头顶部有一块很软的地方，因为还没有完全闭合，就像一扇小门，被称为囟门，亦称"囟脑门儿""顶门儿"。大人常常提醒小孩不要触碰囟门，以免伤害到新生儿。"囟"不仅在读音上与"心"相近，它的字形与"心"最初的字形也是非常接近的。而且有人考证"思"最初的字形上面可能就是"囟"而不是"田"，可见古人是知道心脑相通的。

（三）化典有方，品其文心

周兴嗣的"千字"为何如此厚重？"字"和"典"就是其重要的艺术手段。如果真的仅仅为了识字写字创作《千字文》，那么梁武帝就不必要求周兴嗣"韵之"了，这本书就不会如此"厚"，我们也无法体会周兴嗣所代表的传统士大夫阶层化典委婉进言的智慧了。所以适当引导学生由"字"入"典"是必要而且美妙的。

"肆筵设席，鼓瑟吹笙"这句话热闹得甚至有点浮躁，其中的典故出自《诗经》。先看前半句"肆筵设席"。原句在《诗经·大雅·行苇》里："肆筵设席，授几有缉御。或献或酢，洗爵奠斝。醓醢以荐，或燔或炙。嘉肴脾臄，或歌或咢。"读完原典再讲其大概的意思和直接告诉学生其大概意思的方式相比，最大的不同就在那对"典"的感觉。虽然学生对于原典无法透彻地理解，但这如音乐般的文字所传递的内容已经超出文字本身。再看后半句"鼓瑟吹笙"，学生基本能猜出这句话是演奏乐器的意思。我再推出《诗经·小雅·鹿鸣》中描写周王宴请众宾客的片段：

呦呦鹿鸣，食野之苹。我有嘉宾，鼓瑟吹笙。吹笙鼓簧，承筐是将。人之好我，示我周行。

呦呦鹿鸣，食野之蒿。我有嘉宾，德音孔昭。视民不恌，君子是则是效。我有旨酒,嘉宾式燕以敖。

呦呦鹿鸣,食野之芩。我有嘉宾,鼓瑟鼓琴。鼓瑟鼓琴,和乐且湛。我有旨酒,以燕乐嘉宾之心。

接下来我引导学生将视角从周王宴请他的臣子转入曹操在他的《短歌行》中的直接引用……让学生顺着汉语的文脉一路走来,感受汉语脉搏的跳动,触及属于这个民族的气息,体悟这种来自根的"暗语"!

(四)拾级而上,品其用心

因为可用的只有"千字",所以周兴嗣对于每个字的能量可谓"穷尽"其可"穷尽"的。那些看似相近的词语之间存在的细微差别正是提升学生阅读品味的最佳切入点。"昼眠夕寐,蓝笋象床"中的"眠"和"寐"都是"睡觉"的意思,我就引导学生好好体会这两个字:"眠"是一种很随意的闭上眼睛休息的状态,也可以说是睡得并不沉的状态。比如"春眠不觉晓"就说明诗人夜间睡得并不太安稳,因此在未睡着时听到窗外的风雨之声。除此以外,动物冬眠也并非无知觉状态。而"寐"是非常正式的在床上睡觉的状态,所以睡眠程度比"眠"要深得多,一般都要达到做梦的程度才能称为"寐"。比如"假寐"就是假装睡得很沉来迷惑别人的意思。这样一细品,我们就理解了,原来"昼眠"就是午睡的意思,"夕寐"就是在夜晚睡觉的意思。

再如"稽颡再拜,悚惧恐惶"这一句。"稽颡再拜"是指一次又一次地行跪拜礼,是祭祀的礼节。再来理解"悚惧恐惶"这四个描写心理活动的心字部首的字。这四个字就像四级台阶,将人内心的敬畏分成了四个等级。"悚"一般指乍然一惊,是人在那样肃穆的祭祀过程中,因膜拜神灵心中自然产生的一种小心翼翼。"惧"则是指来自人内心的害怕情绪。这种害怕情绪可能是对自己某个不当言行的担忧,内心惴惴不安,怕自己的这份过失不符合神灵的旨意,或是愧对先祖的训导,心存顾虑,害怕会受到责备。"恐"就不是由简单的不安而引发的害怕情绪了，它代表的害怕程度要深得多。从"恐"的甲骨文字形来看，就像有人手执物件敲击的样子。这种害怕情绪致使心脏如被击打一样"怦怦怦"地跳着，说明定然是很害怕了。"惶"表示的害怕程度就更深了。所谓"惶惶不可终日"，人的内心七上八下、坐卧不安，到了不知所措的地步才是"惶"，这也说明犯下的错误到了没有办法去遮掩并且难以收拾的地步了。如果一个人在祭祀过程中内心有此感受，那肯定是犯下了连自己都不可原谅的罪行，所以在神灵面前才会如此惶恐。

大家由这四个字可以品味出，同样是敬畏，却有着不同的层次：惊悚—惧怕—恐惧—惶恐。它们之间有着细微的差别和关联，这就是汉语的精妙所在。

做链接——小点切入，开拓研究

经典的价值不仅在于其承载着本民族厚重的文化，还在于其有常读常新的生长力。如果诵读经典仅仅停留在"读"和"背"的层面，那不仅会增加学生的负担，还会辜负经典本身，大家都知道《千字文》的文化价值，但一说到"研究"，大家都认为这好像是专家学者的专利，其实研究作为一种能力也需要对人从小进行培养。小学生的研究可从"小"点切入。

（一）追根溯源——汉字研究

《千字文》既然是以识字为主的蒙学读本，我们自然就该从"字"本身开始研究。对于汉字的研究，最正确也最浪漫的策略就是"追根溯源"。比如"图写禽兽，画彩仙灵"中的"图"和"写"都与"绘画"有关。且看"写"原来的字形——寫，从宀，舄声，本义是移置、放置的意思，是指将一只正在张开嘴巴唱歌的鸟移置到屋里来。"移置到屋里来"可不是直接将鸟养在家中,而是画下它的形象,记录下它的形态,把它"移置"到墙壁、栋梁、门窗之上。"写"表示画的意思还保留在美术学科常用的"写生"一说中,写生就是将看到的情景"移置"到纸上。所以我们也可以将"图写禽兽"理解为"写禽兽图",即画上各种飞禽走兽,还有后半句中提到的天仙神灵。除此以外,我还借用了学生所熟知的《叶公好龙》中的句子"叶公子高好龙,钩以写龙,凿以写龙,屋室雕文以写龙"来例证"写"表示画的这一含义。

(二)推测演算——数学研究

《千字文》包罗万象,上及天文,下涉地理,所以学生无论对哪个学科感兴趣在此都能得到切入点。在讲解中,我特别关注让部分学生先行。比如讲到"闰余成岁,律吕调阳"时,我提出了这样的问题:祖先们发现了一年(就是文中的岁)的自然规律,还通过闰日闰月来调整计数中出现的差异。请你去找一找资料,查一查关于闰年和闰月的说法。

(三)体验想象——心理研究

虽然心理学是一个极具现代感的学科名词,但是在中华文化的哲学世界里早就存在,《千字文》中自然也有。除了前文中提及的祭祀仪式前"悚惧恐惶"逐级提升的心理体验之外,文中还多有涉及。如在学习"欣奏累遣,戚谢欢招"一句时,学生觉得读起来很拗口。理解是读顺的前提,所以我引导学生先来看句中关于心理感受的描述:"欣、累、戚、欢"。"欣"就是愉悦的意思,"累"就是劳累的意思,"戚"就是悲戚的意思,"欢"就是开心的意思。"欣"和"欢"是一类,属于积极的心理状态,但细细品味会发现它们之间的区别:"欣"一般相对安静,是一种愉悦的心情,比如我们用心感受某件艺术品的精美就叫"欣赏";而"欢"相对来说是欢腾的,常常伴以较为明显的肢体表现,比如,听到一个好消息,我们特别开心,可能就会高兴地跳起来,手舞足蹈。如果说

"欣"如山间的溪流，那么"欢"就是奔腾的江河了。同样的，"累"与"戚"同属一类，属于消极的心理状态，细细品味会发现它们之间的区别："累"更倾向于劳累的感受，指那种日夜操劳产生的疲倦和烦恼，不只是身体的劳累，还有心里的疲惫；而"戚"则指悲戚、悲伤，是内心的一种伤感情绪。接下来看"欣奏累遣，戚谢欢招"中的四个动词："奏、遣、谢、招"。"遣"就是排遣、消遣的意思。这里的"谢"与感谢无关，它和"谢绝参观"里的"谢"一样，含有拒绝的意蕴，也就是辞别、离开、脱离的意思。"招"是招致、引来的意思。最难理解的就是"奏"。"奏"原本是双手捧着东西奉上的意思，比如，有事情上奏朝廷，奏请皇上等，所以这里的"奏"是进或来的意思，与奏乐无关。

"欣奏累遣，戚谢欢招"全句的意思就是：多想着一些开心愉悦的事情去消除身心的疲惫，忘记那些令人伤感的事情，享受欢乐的生活。还可以理解为：愉悦得以表现，劳累得以排遣，悲伤得以远离，快乐自然而至。只是文言与现代汉语表达的习惯和节奏不同而已。

(四) 简繁对照——规则研究

梁武帝给殷铁石提出的一个基本要求就是一千个字不重复，而有些版本的《千字文》并非如此，是何原因呢？对"是否重复用词"这一课题进行研究，不仅能明了作者创作时的规则，还能对汉字的发展有所了解。

"'女慕贞洁'之'洁'和'纨扇圆洁'之'洁'究竟是因作者之失而重复，还是作者有意为之？"我就是从这个有争议的问题讲起的。事实上，有的版本的《千字文》中这两个字是不重复的："女慕贞絜"用"絜"，"纨扇圆絜"用"絜"。我借此让学生明白在古汉语中"絜"字是个多音、多义字，其中有两个最常见的含义：一是洁净之意，其读音为"jié"，现在简化为"洁"；二是度量之意，其读音为"xié"，现在没有相对应的简化字，仍然用作"絜"，如"度长絜短""较短絜长"等成语用的就是此字的这一层含义。

回到原文，"女慕贞洁"之"洁"就应是纯洁之洁，我们看到的"洁"是现代的简化字，在繁体中写作"潔"。而"纨扇圆絜"之"絜"，到底是纨扇圆而"絜xié"（尺寸不大，显得小巧玲珑），还是纨扇圆且"洁jié"（质地洁净素雅，以物件来隐喻人品），从来都没有讨论明白过，可见未必就能认定它们是重复的。

除了这个"洁"之外，我让学生把共读的这版《千字文》里有重字的句子摘抄下来，发现共有5个重复字：发——"周发殷汤""盖此身发"；昆——"玉出昆冈""昆池碣石"；云——"云腾致雨""禅主云亭"；巨——"剑号巨阙""巨野洞庭"；戚——"戚谢欢招""亲戚故旧"。另外的版本中还有一个重复的字：资——"资父事君""务资稼穑"。

后来研究发现这7个字其实并不重复，除了前面讲述的"jié"的情况，另外还有几种情况。第一种情况，由汉字简化引起。汉字简化以后，有相当一部分音同义不同的字合而为一，上述有4个字属于这种情况。如"周发殷汤"之"发"的繁体字为"發"，有发射、发生、出发、发现等义；而"盖此身发"之"发"的繁体字为"髮"，有毛发、头发等义。汉字简化后，"發"与"髮"字的简化字都是"发"，但在古人那儿二者是完全不同的。

（五）感慨万千——虚词研究

《千字文》以"谓语助者，焉哉乎也"收笔，此句在讲了关于这些虚词的传说之余，还讲了一些"实义"："焉哉乎也"这4个字相当于"罢了罢了""而已而已"。我引导学生不妨刻意去研究文言中虚词的意韵。我就这样虚实相结合地将学生带进了虚虚实实的文言世界。

作为一名小学语文教师,从小学生的角度来解读这部奇书当然是浅薄的,我这样的"读读故事融会贯通,做做链接品味赏析"的策略可能更适合小学生。借此能在学生心间种下一粒热爱汉语的种子,也即实现了蒙学的目标。日后学生学习的知识和积累的经验会不断地帮助他们"咀嚼千字之原味,解读百典之精华",此乃汉语学习之大义。

(此文发表于《江苏教育与研究》2019年第5期)

用戏剧的方式教小古文
——朱文君老师执教小古文《刺猬与橡斗》片段赏析

《刺猬与橡斗》是《小学生小古文100课》中笑话单元里的一篇小古文。原文篇幅短小，文字浅近易懂。我有幸听过朱文君老师执教此课，她创造性地将戏剧元素带入小古文课堂。生动的课堂犹如一台精彩的戏剧演出，给我留下深刻的印象，且摘几处与大家共享。

热身，让学生拥有了可摇摆的"尾"

充满戏剧元素的课堂，从课前的交流开始。

师：我们需要借助一种特殊的能力——表演，来学习今天的小古文。我先来测试一下你们的表演能力。请大家根据课件上出示的词语进行表演。（课件出示词语：张牙舞爪。）

（生立刻做"禽兽"状——手舞足蹈，群魔乱舞。）

师：你们表演得实在是生动至极！（课件出示词语：摇头摆尾。）

（生身形左右摇晃起来，特别是脑袋摇得跟拨浪鼓似的。）

师："摇头"的味道十足了，可"摆尾"呢？

（生哄笑，但略显尴尬地停了下来：是啊，"摆尾"呢？）

师：哦，你们不行了吧！大家无法"摆尾"是因为——

生：我们没有尾巴。

师：哦，我倒是有的，你们看——

朱老师左手举过头顶表示头，右手绕至身后表示尾，全身扭动，口中"嗯啊""嗯啊"不停。学生大笑起来，立刻效法，纷纷起身亮出各种各样的"尾巴"，摇摆起来。课堂上一片欢声笑语，气氛一下子活跃起来。

接下来朱老师让学生表演的词语分别是"大吃一惊""惊慌失色""惊恐万状"。学生积极投入其中。"大吃一惊"一词出现时，全班学生的表演着实让听课的教师都受惊不小。而升级版的"惊恐万状"出现时，学生更是竭尽惊恐之能事，尤其是面部的惊悚表情，真是"万状"！……最后出现的词语是"欢天喜地"，从紧张到放松，学生几乎是在一瞬间切换"频道"，不由得让人惊叹——原来，学生是天生的演员啊！

戏剧化的热身奠定了一个愉悦的课堂情感基础。最重要的是通过戏剧打开了学生们的创造思维之门，因为表演是按自己所想象的去呈现的：你可以让看不见的"尾巴"摇摆起来，可以让"尾巴"按自己的方式长出来。身体充分打开为精神空间赢得了充分的自由。

戏剧，让学生拥有了可爱的"脔"

文言教学绕不开虚实词这个"坎儿"。《刺猬与橡斗》这篇小古文虽然短小，但是有几处实词需要教师帮助学生们理解，除此之外，文中几处虚词的运用更值得玩味。而朱老师的小古文教学主张不出现语法术语，要深入浅出地引导学生自己去理解和体会。怎么做到这一点？对，朱老师又用了戏剧的方式。

师：接下来，我们要挑战更有难度的表演——演故事。现在，我出示一句话，你们如果看懂了，就用你们的表演告诉我。我说停，你们就定格不动，接受我的采访，好吗？（课件出示：有一大虫，欲向野中觅食。）

（生表演觅食动作。）

师：停，请定格。（指一生）告诉我你是谁？

生：老虎。

师：句中明明是大虫，你怎么表演了一个老虎？

生：大虫就是老虎！

师：哦，古文里大虫就是老虎，那你知道"长虫"是什么吗？

生1：蜈蚣。

生2：蛇。

师：长虫就是蛇。那么，老虫是什么？

生：不知道。

师：老虫就是老鼠。

（生笑。）

师：再问，小虫是什么？

生：不知道。

师：小虫就是——小虫！

（生笑，师转向刚才被定格的"老虎"。）

师：你这是在干吗？

生：我在找吃的。

师：在哪里找吃的？

生：野中。

师：何谓"野中"？

生：野地之中。

师：为何要去野中觅食？

生：因为野中有小动物可以吃。

师：好吧，让我们看看它吃到了什么小动物。[课件出示：见一刺猬仰卧，谓是肉脔（luán），欲衔（xián）之。]

（生表演，有表演老虎的，有表演刺猬的。）

师：你演的是刺猬？

（生点头。）

师：你明明是刺猬，为什么老虎把你看成了肉脔？

生：因为我肚皮朝上，所以是肉脔。

师：肉脔是什么东西？

生：肉球。

师：你确定你不更像肉饼？

生：反正我看起来像一团肉。（生笑。）

师：反正不是个活物，也不怕你逃走。老虎就慢慢地过去，想把"肉脔"叼起来。谁知，意外的事情发生了……

戏剧，让学生拥有了可想象的"也"

（课件出示：忽被猬卷着鼻，惊走，不知休也。）

师：发生什么事了？

（生做狂奔状，有上下起伏颠簸者，有左右摇摆不定者。）

师：（指向颠簸者）请问你在做什么？

生：跑。

师：不对啊，古文里是"走"，你怎么跑起来啦？

（生赶紧一摇一摆地"走"起来。）

师：哇，好淡定啊！

生：这里的"走"可能是"跑"吧？

师：你怎么猜的？

生：老虎那么惊恐，怎么还会慢慢走啊。

师：聪明！发现不合乎逻辑的地方就能打破习惯思维。古文里的"走"就是现在的"跑"的意思。那现在的"走"在古文里怎么说呢？

在后面的故事里，你会找到答案。请你一边疯跑一边读读这句话。

生：忽被猬卷着鼻，惊走，不知休也——

师：请别停下你的声音和表演。

（生一直"也"着，颠簸着。）

师：请你试着将那"也"字去掉。

生：不知休。

师：怎么样？

生："不知休"读起来好像很短促。

师："不知休"读起来好像还没来得及看到老虎的样子，想象的画面就中断了，是吧？要是加上了"也"呢？

生1：我好像看到老虎疯狂奔跑的样子，一边跑一边甩着鼻子，想把刺猬甩下来。

生2：我看到这只老虎的表情很痛苦，想用爪子去摸，又怕被刺扎着。

师：看来这个"也"挺有意思啊。虽然没有"也"，句子的意思也完整，但是老虎奔跑的样子就不那么形象了。文言中有些看似没有实在意思的词，比如"也""而""乃""且"……我们在诵读到它们的时候拉长声音，就能品出特别丰富的意思来。不信，我们看下文。（课件出示：直至山中，困乏而眠。）

师：请大家跟着我的朗读来表演。

（师先读"困乏而眠"，再读"困乏眠"，又读"困乏而眠"。生表演出快慢不同的"眠"。）

师：老虎"眠"得好辛苦啊！说说你对不同"眠"法的感受。

生：老虎是因为跑得太累了才睡的，不是自然睡眠，所以会慢慢地倒下去。（生边说边慢慢地耷拉下脑袋。）

师：对呀，老虎是不情愿地睡下去的，并且，老虎的表情还很痛苦，为什么？

生：老虎的鼻子上还卷着刺猬呢！

后面的教学，学生开始对"而""乃""且"表现出特别的关注，通过朱老师的引导饶有兴味地在读中理解、在读中想象，阅读过程饱满而充满情趣。

戏剧，让学生拥有了可自创的"腔"

诵读一直是小古文教学的重要内容之一，那么诵读小古文与诵读现代文相比有哪些区别？课堂中又该如何体现这样的区别呢？对，还是用戏剧的方式来解决。

师：朗读古文讲究抑扬顿挫，有长读的字，就有短读的字。哪些字是短读的呢？在你们无锡话中，有一些字读起来很短促，比如，"一""欲""觅""侧"，这些字叫入声字。"一""欲""觅""侧"短读，"也""而""乃""且"长读，古文的抑扬顿挫就读出来了。不信，我们来试试。

（生练读，师相机范读，读出古文抑扬顿挫的韵味。）

师：我还有一个读古文的秘诀——要紧的意思重读，人物的对话不读。不读怎么办？说。这个故事中唯一的一句台词是——（课件出示：侧身语云："旦来遭见贤尊，愿郎君且避道！"）

师：你们能不能读好这句话？同位之间讨论一下。

（一生边演边说。）

师：你这只老虎说这句话时，心里在想些什么？

生：我千万别得罪了刺猬的儿子。得罪了它，我就死定了！

（众生笑。）

师：所以你管它爹叫——

生：贤尊。

师：你那贤德的爹啊！这样的称呼叫敬辞，在正式的场合下，称对方的父亲叫——

生：贤尊。

师：除此之外，称对方的父亲也可以叫令尊，称对方的母亲叫令慈，称对方的儿子叫令郎，称对方的女儿叫令爱。

（师相机板书。）

师：怎么样？这只小老虎还是挺有文化的吧！不过一想到它是对一颗橡树的籽儿这么郑重其事，就觉得太好笑了。你觉得怎么样才能把它的可笑很"正式"地演出来？

（一生拿腔拿调地说，引得大家哄堂大笑。）

师：大家听过戏曲中的念白吗？我觉得就是这个味儿！

（一生模仿着戏曲里的腔调，一只又呆又萌的小老虎活脱脱地出现在众人眼前。）

…… ……

纵观整堂课，戏剧表演作为主要的教学手段贯穿始终，毫无违和之感。在这样教师遵循学生个体感悟，学生用肢体语言呈现自己的方式下，师与生之间、人与文字之间、古文与现代社会之间的壁垒全都被打通了。戏剧使得小古文中的"声"与"色"立体起来，让读小古文的学生获得一种全新的"解码方式"。课后，朱老师这样阐释戏剧教育在学科教学中的意义："对于儿童而言，经由戏剧方式学习所带来的感受、理解和表达比任何一种学习方式都来得丰满而深刻。戏剧教育发现每一个人，发展每一个人。"

的确，我们已经看到，戏剧正将小古文教学引向一片更加生机盎然的新天地！

（此文发表于《小学教学设计（语文）》2016年第3期）

玩汉语于趾尖的"之"
——统编版小学语文教材文言写作品味之一

  小学文言教学应该有属于小学的、文言特色的教学，目前没有现成的范本可用。早在 2012 年我就根据自己在小学实施文言阅读教学的经验，提出了"童话地吻醒国学"的教学主张。多年来，我一直坚持小学文言教学应该以激发学生学习文言的兴趣为主导思想，同时又主张以播种文言的语用理念区别文言阅读教学和现代文阅读教学，孜孜以求小学文言教学之道。就现行的统编版小学语文教材中所选的文言篇目来说，如果教师只注重其内容的讲解，也就是字词句的串讲，文言出现在小学语文教材中的价值和意义也就失去了。歌德说："内容人人看得见，含义只有有心人得知，而形式对于大多数人是一个秘密。"现就文言中极具代表性的"之"（在统编版小学语文教材中出现 29 次）来谈谈如何从写作的层面来引导小学生阅读文言，文言对学生写作素养的提升又有着怎样的影响。

  "之"最初是一个会意字，甲骨文的"之"字字形为止，上面是一个脚形符号，下面的横线表示出脚的地点，合起来表示从这里出发去某个地方，所以"往、到、到……去"是其最初的意思。"之"在文言中运用十分广泛并且义项丰富，足迹可谓遍及文言的"大街小巷"，以至于人们已经想不起它从哪里来，不知"往、到"是其本义。在统编版小学语文教材的文言篇目里就没有"往、到"义项的"之"出现，但在古诗中倒是常见，如《送孟浩然之广陵》《送杜少府之任蜀州》。虽然此义项没有出现在统编版小学语文教材收录的文言篇目中，但深入了解其"出发的原点"会让我们的文言探寻之路更加自然而顺畅。让我们跟着"之"，边走边欣赏它在文言世界里如何潇洒来去。

边走边"变"——变身堪比孙悟空

"之"像善于变化的孙悟空一样，可以变身成各种人物——代指所有人称可指的角色（你、我、他、它……）；可以变身成各种事物——代指文中描写的所有事物，遇到什么变成什么；甚至可以变身成抽象的一切——涵盖一切指代，意思近于"这、这样"。我在教学中将"之"比作孙悟空，不仅调动了学生的学习兴趣，还充分体现了"之"千变万化的特点，没有用"代词"这样的语法术语来"吓唬"学生，同时又在学生心中播下了"之"这类代词词性特点的种子。

首先来看"之"变身成的人物。"虽与之俱学，弗若之矣"（统编版小学语文教材六年级下册《学弈》）中的"之"即为"专心致志，惟弈秋之为听"的学生。在教学中，我常常引导学生举荐一位在班级里听讲极为专心的同学来替代文中的这个学生，然后让"之"变身为学生身边的榜样。学生再读此句时不仅处于充满情趣的语境中，还有了对身边人物的关注意识以及日后描述他人的语言储备。

"问之"在统编版小学语文教材所选的文言篇目中出现过两次："人问之，答曰：'树在道边而多子，此必苦李。'"（统编版小学语文教材四年级上册《王戎不取道旁李》）"问之，曰：'欲作针。'太白感其意，还卒业。"（统编版小学语文教材四年级下册《铁杵成针》）这两处的"之"既可代指被问的对象，即王戎和老媪，也可涵盖所问的内容。在课堂上，我们可以围绕"问之"设置游戏环节：不断地变化被问的对象，由学生说出"之"已经变身为谁。学生于笑声中感受到了"之"的神奇。

其次来看"之"变身成的事物。"之"不仅可以变身成人物，还可以见物变物。在统编版小学语文教材三年级上册的《司马光》一文中，就出现了代指物的"之"："光持石击瓮破之，水迸，儿得活。""破之"的"之"是指司马光持石所击的那瓮。

统编版小学语文教材四年级上册《王戎不取道旁李》一文中有这两句："看道边李树多子折枝，诸儿竞走取之，唯戎不动。""取之，信然。"这两句中的"之"都指道边树上的李子。在课堂上，我们又可以据此设置游戏环节：任意变化所"取"之物。

"楚人有鬻盾与矛者，誉之曰：'吾盾之坚，物莫能陷也。'"（统编版小学语文教材五年级下册《自相矛盾》）文中楚人所誉之物在我设计的"叫卖"游戏中变化多端。

师："誉之曰"中的"之"指的是什么？

生："之"代指"盾"。

师：那么，假如这人卖的是瓜，"誉之曰"的"之"则是——

生：瓜。

师：假如这人卖的是花，"誉之曰"的"之"则是——

生：花。

师：假如这人卖的是鱼，"誉之曰"的"之"则是——

生：鱼。

……………

最后来看"之"变身成的抽象的一切。"之"不仅可以代指具体的人和物，还可以像现代文中"这""这样"之类的词语一样代指抽象的一切。"默而识之，学而不厌，诲人不倦"（统编版小学语文教材五年级上册《古人谈读书·一》）中的"之"是指所要识记积累的知识（对象）。"一人虽听之，一心以为有鸿鹄将至，思援弓缴而射之"（统编版小学语文教材六年级下册《学弈》）中的第一个"之"是指弈秋授课时所讲述的内容。"伯牙鼓琴，锺子期听之"（统编版小学语文教材六年级上册《伯牙鼓琴》）中的"之"是指伯牙琴声里所演绎的一切。"处士笑而然之"（统编版小学语文教材六年级上册《书戴嵩画牛》）中的"之"是指牧童对画的议论。另外值得一提的是前文所讲的"人问之，答曰：'树在道边而多子，此必苦李。'""问之，曰：'欲作针。'太白感其意，还卒业。"这两句中的"之"既可以理解为所问对象，也可以理解为就其行为表现引发的疑问。

由此，文言言简意赅之特点可见一斑：既是写作层面的简洁，又是阅读层面的空白。此处值得多多玩味。

边走边"联"——手段堪比外交官

"之"不仅可以随时随地地变化，还可以像"外交官"一样内联外接。

"之"最为常见的用法是帮助连接词语，它会出现在定语和中心词间，表偏正关系。这样的用法教师不必多讲，只要让学生用心朗读，他们就可以毫不费力地感受到它与"的"用法的相通之处。下面这些在教材中出现的"之"都是此用法。

《杨氏之子》（统编版小学语文教材五年级下册，选自《世说新语·言语》，题目为编者自加）

炎帝之少女，名曰女娃。……常衔西山之木石，以堙于东海。（统编版小学语文教材四年级上册《精卫填海》）

故今日之责任，不在他人，而全在我少年。[统编版小学语文教材五年级上册《少年中国说》（节选）]

三到之中，心到最急。（统编版小学语文教材五年级上册《古人谈读书·二》）

或曰："以子之矛陷子之盾，何如？"……夫不可陷之盾与无不陷之矛，不可同世而立。（统编版小学语文教材五年级下册《自相矛盾》）

少选之间而志在流水。（统编版小学语文教材六年级上册《伯牙鼓琴》）

在这种用法下，"之"有时还能与其他词语配合，构成一种典型的句式，比如，统编版小学语文教材六年级下册中就出现了"之"与"者也"配合的句式："弈秋，通国之善弈者也。"这样的句式限定了"者也"表示的判断对象的范围。比如，周敦颐《爱莲说》中的："予谓菊，花之隐逸者也；牡丹，花之富贵者也；莲，花之君子者也。"司马迁《史记·鸿门宴》中的："沛公之参乘樊哙者也。"学生借助这样的句式进行判断性的描述训练会感觉非常有趣。现以《学弈》一课的教学片段为例来具体说明。

师：古代的人名常常极具个性特点。这个人的真名其实就只有一个字"秋"，但因为他下棋下得特别好，所以人们就干脆将"弈"与其名字组合起来称呼他。可见这种名字代表荣耀。请大家一起读出骄傲的感觉。

生：弈秋，通国之善弈者也。

师：比如，一位姓丁的人，他的厨艺特别棒，在古代，庖即厨也，如庖子、庖人等，于是他就有了这样一个名字——

生：庖丁。

师：你们能用相同的句式来夸夸庖丁吗？

生：庖丁，通国之善庖者也。

师：你们还可以用这样的句式夸夸谁？

生：王羲之，通国之善书者也。

生：杨丽萍，通国之善舞者也。

师：大家还可以将范围扩大或缩小，根据身边的人和自己的特长来夸人或自夸一下，如，紫雨，通校之善教者也。

由此在写人的习作中就出现了"刘洋，通班之善武者也""妈妈，通家之善算者也"等有趣的描写。

"之"的"外交手段"还体现在让原本可以单独成立的句子变成某个长句的句子成分上，也即语法中所说的"取消句子独立性"。如果教师非得将这样的专业术语灌输给小学生，不仅达不到教学效果，还可能让他们"怕文言"。因为中高年级的小学生头脑中已形成句的概念，所以我在教学过程中，将"取消句子独立性"描述为"取消一个国家的独立自主权而依随于他国"。整个教学过程并没有对学生进行文言语法知识的强行灌输。

"有识则知学问无尽，不敢以一得自足，如河伯之观海，如井蛙之窥天，皆无识者也"（原统编版小学生语文教材五年级上册《古人谈读书·三》，现教材已删此文），就是典型的句子。"河伯观海""井蛙窥天"原本都是独立成句的，而因为有了这个"之"的出现，它们无法独立成句，只能是作者阐述"有识则知学问无尽"时随后列出的一个小小的例证，充当着"无识者也"判断句式的对象。

可见"之"就如同一位游走于汉语丛林之中的"外交官"，让我们追随其身后，看清它所使用的各种"政治"手段。看文言句式结构如看故事，趣味盎然。

边走边"踢"——脚法堪比足球王

"靠脚趾出道"的"之"，其脚上功夫自然不能不提。"之"的"脚上功夫"体现在它对句子中词序的调整功能上，就像一个足球运动员将球前传后置。这时的"之"并不在意自己的实指意思（不需要译出），更看重自己的角色使命。

"之"能把句子后面的词语"踢"到前面来。如"惟弈秋之为听"

按正常语序表述应该是"听弈秋（所述）"，但作者为了突出"弈秋所述"在专心致志听讲的学生心中的重要性，让"惟"与"之"合作将"弈秋"调整到了"前台"，起到了突出强化"弈秋所述"的作用。教学中，我设计了这样一个环节。

（课件出示：惟弈秋之为听。只听弈秋的教诲。）

师：大家对比后有何发现？

生：句子中词语的顺序不同。

师：谁是这个"捣蛋鬼"？

生：之。

师：这个"之"将"弈秋"特意提到句子的前面来，表示强调。这里强调的是这个学生所有的心思都在听弈秋的讲解上。那么，如果这位学生在认真听孔子讲课，我们可以怎么说？

生：惟孔子之为听。

师：认真听紫雨老师的课——

生：惟紫雨之为听。

师：专心听妈妈说话——

生：惟母之为听。

师：选一个你特别喜欢听他（她）说话的人，用这个句式说一说，同桌互相交流一下。

学生在交流中品味了宾语前置这样的特殊句式，体会到"踢"词的快乐。

"之"也能把前面的词语"踢"到后面去。统编版小学语文教材五年级下册《自相矛盾》一文中有两个典型的句式："楚人有鬻盾与矛者，誉之曰：'吾盾之坚，物莫能陷也。'又誉其矛曰：'吾矛之利，于物无不陷也。'"句中的"吾盾之坚""吾矛之利"按正常的语序应该是"吾坚盾"（我坚固的盾牌）和"吾利矛"（我锐利的长矛）。叫卖者特别想强调盾、矛"坚"与"利"的特质，于是借助"之"将定语后置，目的在于引出下文对其特质的阐述。这样的句式在现代文写作中也是极具特色的。比如："猎豹之速度，是一般动物所不能及的。""中国之大，不亲自领略一下是不足以想象得出的。"这样的语言结构变化，只有教师刻意地引导训练，学生才能感受到。至于文言特有的相同结构句式带来的节奏美感，学生可以通过反复诵读去真切地体会。大声朗读出来，可以让"坚"与"利"更有质感。

"之"还能调整句子的节奏。比如，"知之为知之，不知为不知，是知也"（统编版小学语文教材五年级上册《古人谈读书·一》）中的"之"在此处没有任何实义，只是帮助对"知"做停顿的强化处理，让你对"知"给予足够的重视和关注，这是"之"的使命。对于这样富有节奏感的句子，最好的体验方法就是对比读，即将无"之"与有"之"的句式对比朗读，体会文言所特有的节奏和韵律。

结　语

穿梭在汉语字里行间的"之"，具有强大的调节功能，如孩子一般淘气可爱，玩汉语于趾尖。如此形象的描述，学生不仅乐于接受，而且对它的性质有了真切而深入的了解——这就是我所追求的"童话地吻醒国学"的教学策略。

文言是汉语的根，它有着强大的生命力。阅读文言不只是为了从内容上追溯中华传统文化，更是为了从中体悟汉语的成长节奏、行走姿态。小学文言教学重视文言笔法，重视品味文言味道，主要体现在这样几个意识上：首先是文体意识，教材中的文言在内容上并不难理解，在小学的课堂中不必将文言教学的任务等同于中学的文言教学任务，我们可以"不求甚解"地读过，但在明了主题内容的前提下，文言笔法何以如此，教师在教学过程中还是需要重视的。其次是结构意识，小学文言多为短篇，章法结构不明显，结构更多体现在句式上，相同的意思不同的表达方式，甚至相同的词语因为次序的不同所彰显的意蕴、表达的效果也大有差别，值得反复玩味。最后就是虚词意识，由于受传统的教师串讲式文言学习的影响，学生对于"字字落实"不在话下，但对虚词却常常因其"虚"掌握不好。其实文言中的虚词绝不可"虚晃"而过，有虚词不虚的教学意识学生才能得其味。对于"虚处"的意会与补白正是文言阅读的妙秘所在，也是小学文言情趣点之所在。

时代发展决定了文言创作与我们渐行渐远，但文言对于汉语的滋养是久远的。教师要在小学语文课堂树立文言的种子意识，以一种不期然的方式自然播种，帮助学生积累丰富的语言知识，形成良好的语感。让学生满怀与文言相遇的喜悦心情去认识文言特有的语言结构和运用规律，如"之"般从容地行走在文言的丛林之中。

小学文言教学中的"文字游戏"
——浅谈小学文言趣味写作设计

随着小学文言教学越来越被重视，习惯于阅读写作同位思考的语文教学自然会由文言的阅读联系到文言的写作，而且近年来高考中也出现过用文言创作获得满分的作文，大有文言创作也要"从娃娃抓起"的势头。我对在小学阶段是否要进行文言写作指导的态度是：不提倡、不反对、不封顶。我个人认为当代小学生的写作正如当代小学生的阅读一样，仍然应该以现代文为主，文言的阅读旨在激发学生对祖国语言文字的学习兴趣，奠定汉语言的学习基础，打下民族文化的底色。收编在教材里的文言，教师在教学时不仅应该使用区别于传统的教学方法，还应注意不可照搬中学的文言阅读教学策略。因此，我认为在小学文言教学中，文言写作不应该列入教学目标。然而，阅读对于写作的促进作用是自然而然的，面对学生在阅读过程中自然产生的表达需求，教师不仅不应该打压，还应该给予充分肯定和指引。所以，我在日常教学中常常借一切成熟的契机对学生进行一些文言运用方面的训练，不仅是言语方面的训练，还有涉及观察能力、思维方式、表达方式等多方面的综合性训练。因为是不以文言写作为目标并带有很强的游戏色彩的综合性训练，姑且称之为"文字游戏"。

这些文字游戏的价值首先在于它是阅读文言文本后的一种自然内化，其次在于它是对文言表达形式的一种情感体现，再次在于它是立足学生时下、课下的趣味诉求，最后在于它是对语文学科的学习、积累和运用。因此教师在日常教学中不必刻意去设计文字游戏，它会在课堂中水到渠成、自然成长。我从行走十多年的小学文言教学之路上撷取几例与大家分享。

言语智慧游戏

《杨氏之子》是原人教版小学语文教材的老课文，统编版小学语文教材将其收入五年级下册第八单元，该单元的主题为"风趣和幽默是智慧的闪现"，旨在让学生"感受课文风趣的语言"。同单元的丰子恺的《手指》和苏联费奥多罗夫的《童年的发现》都以各自特有的幽默方式陈述着自己的感受与发现。《杨氏之子》所呈现的是典型的中国式幽默——不仅因姓氏的特点决定了其"很中国"，还因其语言结构中特有的中国的思维模式。因此，《杨氏之子》文本呈现的内容与形式都是不可替换的"中国式"。

教学这一课的第一步是让学生明白双关表达所需要的环境。"此是君家果。"——客人对于主人所设之果皆可作此说，此处的"君家"即对主人的敬称，原本是一句具有普遍性的日常用语。故事需要巧合方成，此处巧就巧在主人家为"杨"氏，所设之果为"杨"梅，当然还巧在有一位与这"杨"家极为熟悉的爱开玩笑的孔君平为客。幽默能成，此三巧缺一不成。由此，我在教学过程中激发学生如孔君平一样思考：还有哪些姓氏与待客之果可以相遇成巧？课堂上即刻有诸多发现：李氏——李子、梅氏——梅子、白氏——白果、甘氏——甘蔗、凌氏——菱角、花氏——花生……还有借同音来用的，如厉氏——荔枝、叶氏——椰子……

学生产生这样的联想不只有对身边姓氏的关注，更有生活经验的切入，最重要的是学生进入了一种汉语特有的思维模式：在姓氏与事物之间寻找语音上的关联。

教学这一课的第二步就是让学生在这种思维模式下进行推衍，即按此逻辑可以顺应推出某种结论。于是我和学生又要进入一个因巧而寻的思考过程了。"未闻孔雀是夫子家禽。"这是一种以其人之道还治其人之身的回应方式，需要急速的反应能力和敏捷的思维能力。这一环节的文字游戏依然是从姓氏入手，但可联系的事物有了很大拓展："禽"即鸟类，"兽"类亦可，其他万物皆可入也。

来客姓（　　），儿应声答曰："未闻（　　）是夫子家（　　）。"于是学生们给出了丰富的答案：

来客姓（朱），儿应声答曰："未闻（朱雀）是夫子家（禽）。"

来客姓（杜），儿应声答曰："未闻（杜鹃）是夫子家（禽）。"

来客姓（麻），儿应声答曰："未闻（麻雀）是夫子家（禽）。"

来客姓（沙），儿应声答曰："未闻（鲨鱼）是夫子家（鱼）。"

来客姓（华），儿应声答曰："未闻（华山）是夫子家（山）。"

来客姓（金），儿应声答曰："未闻（金丝猴）是夫子家（畜）。"

……　……

当时课堂上还出现了一个"意外"，在谈到"金"姓时，因为前面学到了《金字塔》一课，竟然有学生笑对班级里一金姓学生说："来客姓（金），儿应声答曰：'未闻（金字塔）是夫子家（墓）。'"

虽然玩笑开得有点"大"，但能够看出，对于此句式，学生已经能运用自如了。我见学生玩兴正浓，就建议他们换个方式：可以将招待孔君平的主人换一换，也可以将杨氏之子招待的客人换一换，或者干脆主人客人皆换。三种要求给了不同层次的学生不同的选择。于是课堂上出现了五花八门的"笑话"。

李氏之子前毅（班级同学）十一岁，甚聪惠。孔君平诣其父，父不在，乃呼儿出。为设果，果有李子。孔指以示儿曰："此是君家果。"儿应声答曰："未闻孔雀是夫子家禽。"

梁国杨氏子九岁，甚聪惠。朱乐天（班级同学）诣其父，父不在，乃呼儿出。为设果，果有杨梅。朱指以示儿曰："此是君家果。"儿应声答曰："未闻朱雀是夫子家禽。"

无锡凌氏之子九岁，甚聪惠。金芮琦（班级同学）诣其姐，姐不在，乃呼弟出。为设果，果有菱角。金指以示弟曰："此是君家果。"弟应声答曰："未闻金丝猴是姊家畜。"

相信他们日后还会用此方式来表达具有中国特色的幽默，博得众人一笑之余，留有汉语文化之味。

思维推衍游戏

选自《韩非子·难一》的《自相矛盾》和中国许多寓言故事一样，它是全篇中的一个小小枝节，是韩非为了阐述自己的观点而杜撰出的一个小故事，因其寓意广泛而深远，不断被引用、印证，广为流传。统编版小学语文教材五年级下册将其所在第六单元的主题设置为："思维的火花跨越时空，照亮昨天、今天和明天。"《自相矛盾》里人物的所有思维过程全然没有呈现，这样的空白其实给出了思维训练的契机。正因为有"盾"的存在，"矛"才会力求其"利"；正因为有"矛"的存在，"盾"才会力求其"坚"。彼此之间相互制约、相互促进。所以，教师想要教学达到最佳效果，就要让"矛盾"无限升级，课堂探究永无止境。为了将阅读与教学引向无限，我们需要玩点"矛盾化"的思维游戏。

第一课时结束时，我布置了这样一项作业：根据"矛"与"盾"的对立关系，写出下列进攻武器所对应的防御武器。

矛对（盾）

箭对（　　　　　）　　　　子弹对（　　　　　）

鱼雷对（　　　　　　）　　　　导弹对（　　　　　　）

学生阅读与理解文本，不只是为了阅读与理解，更多的是为了学会运用。由"矛""盾"构成的对立关系在不断升级：尖锐的进攻促进有效的防御，有效的防御又促进尖锐的进攻。借助"矛""盾"构成的对立关系，激发学生学习的兴趣，让学生深入探究"矛""盾"的关系。

第二课时起始，我与学生进行了简单的交流。（允许学生说出自己搜集到的对应事物）

矛对（盾）

箭对（盾或甲）　　　　　　　子弹对（防弹衣）

鱼雷对（声呐）　　　　　　　导弹对（雷达）

……　……

接下来我和学生简述各组进攻与防御武器的基本原理，注重交流学生从武器的发展变化过程中感受到了什么（进攻武器与防御武器互相对立的同时又互相促进）。这不只是一个填写答案的环节，更是学生互相交流自己搜集到的信息，完成与文本、资料的对话的过程。这有利于学生梳理书面表达的思维。

随后我布置了另一个训练：时代在不断发展，叫卖人叫卖的武器也随之有了变化，不变的是进攻武器与防御武器之间的关系。如果叫卖人的思维模式仍然不变，那就是相同的故事，只不过换了一种兵器而已。你能试着模仿一下吗？先尝试叫卖"箭"与"甲"。

楚人有鬻（甲）与（箭）者，誉之曰："吾（甲）之坚，物莫能陷也。"又誉其（箭）曰："吾（箭）之利，于物无不陷也。"或曰："以子之（箭）陷子之（甲），何如？"其人弗能应也。众皆笑之。夫不可陷之（甲）与无不陷之（箭），不可同世而立。

因为"箭""甲"与"矛""盾"都属于我国古代的兵器，而且进攻和防御的方式大抵相同，所以学生模仿起来就显得轻松许多。而现代武器的进攻与防御的方式与"矛""盾"的方式是不同的,所以其特点及效果是要调整的。我让学生选其中的一组来仿写。这样的仿写是将现代文明与古老的表达形式有效地融合在一起,有一定的挑战性。

美人有鬻(子弹)与(防弹衣)者,誉之曰:"吾(防弹衣)之坚,物莫能陷也。"又誉其(子弹)曰:"吾(子弹)之利,于物无不陷也。"或曰:"以子之(子弹)陷子之(防弹衣),何如?"其人弗能应也。夫不可陷之(防弹衣)与无不陷之(子弹),不可同世而立。

文言句式有相对的模式,一个由易到难的仿写环节不仅让学生在语言上进行了训练,还升级了思维模式。学生初步形成了"矛盾"无处不在的意识,利于后面学习视野的拓展。由此可见,文字游戏式的思维训练所形成的正确的"矛盾观"才是该篇文言教学的最终指向。

观察辨析游戏

《两小儿辩日》这篇文言是语文学科的经典篇目,可谓人文性和工具性统一体现的典范。全篇仅119个字,内容涵盖极丰,涉及语言、常识、逻辑、哲学诸多方面,使人百读不厌,回味无穷。两小儿不同的观点集中体现在论据的阐述中。

一儿曰:"日初出大如车盖,及日中则如盘盂,此不为远者小而近者大乎?"

一儿曰:"日初出沧沧凉凉,及其日中如探汤,此不为近者热而远者凉乎?"

这两句的句式结构完全相同:先说明自己在日出时的观察所得,继而说明自己在日中时的观察所得,最后亮出思维推理过程,完成自己的论据表达。而且这两句都采用了辩论中常用的反问句式,以强烈的语调明确自己的观点,引起对方的思考。该篇在阅读理解中有两个重要的切入点:其一是观察方法的不同,一儿所用的观察方法是依据视觉效果,以大小判断远近，另一儿所用的观察方法是依据触觉效果，以冷热判断远近；其二是言语修辞的不同，使用视觉观察方法的小儿通过对形体的比喻来说明"日初出大如车盖"，刚出来的太阳就如同车上的圆形篷盖一样硕大，"及日中则如盘盂"，到了正午时分，太阳就如同（餐桌上的）盛饭菜的盘子、盂钵，使用触觉观察方法的小儿则通过直接描述触觉体验来说明"日初出沧沧凉凉"，太阳刚出来的时候整个大地一片寒凉，"及其日中如探汤"，到了正午时分，整个大地就像是沉浸在热水里一样。由此我设计了这样一个环节。

你还有哪些直接观察的方法？（听觉——强弱、视觉——色彩、视觉——长短……）

你能模仿两小儿就"日落"与"日中"之远近表明一下你的观点吗？（生模仿、交流。）

一儿曰："我以日落时去人近，而日中时远也。"

一儿曰："我以日落时去人远，而日中时近也。"

一儿曰："日中色淡近白，及日落则色艳如血，此不为远者淡而近者艳乎？"

一儿曰："日中影短物数倍，及日落则影长物数倍，此不为近照影短而远照影长乎？"

孔子不能决也。

这样的游戏不仅能引导学生学会观察生活，还能提高学生对文言的思辨能力，为教材在本单元后面安排的"口语交际：辩论"打下了基础。

文言改编游戏

《手指》是丰子恺先生的一篇散文。文章取材于人的手指，以风趣的语言生动地刻画了五个手指的个性和形象，并自然地与生活中类似的人相对应，进而传递"手指的全体，同人群的全体一样，五根手指如果能团结一致，拥抱成拳那就根根有作用，根根有力量，不再有什么强弱、美丑之分了"的思想。课文灵动鲜活、富有生趣的语言风格是学生们喜欢的，于是他们自然内化了课文传递的常理。在教学时，课文"团结"的主旨、幽默的语言和拟人化的手法使我自然想到了一篇文言小品文：《五官争功》。学生们早在二年级时就读过此篇，我要求他们对其进行改写，这一次的改写相对来说要求较高，虽然不是创作，但要求学生具有一定的文言组织能力。然而兴趣就是最好的老师，学生们的作品既保留了丰子恺幽默风趣的语言风格，同时也体现了文言的魅力。

五指争功

食指与中指争高下。

食指曰："我拿捏拨拧，中流主干，尔何能高于我？"

中指曰："体态我最长，触物我最先，姿态我最美。"

无名指谓中指曰："无食指与我如关平、周仓般护佑，何来尔之养尊处优？研脂涂粉皆为我之辛劳。"又谓小指曰："尔实乃无用之物。"

小指曰："何以见得我无用？掏耳抹泪，我无所不能。无我尔等兰花指何来优美花瓣？"

大拇指听得他们一番争论，笑曰："兄弟同根，何来强弱？何来美丑？紧抱成团，拳头出击，缺一不可。"

这样的改写已经初具文言写作特色，但仍然属于趣味练习。

小学教学的对象是小学生，所以我们的教学行为首先要站在小学生的立场上，如果按照中学文言教学策略教学，只能是将中学生的"三怕"（一怕写作文，二怕文言文，三怕周树人）提前给到了小学生，罪莫大焉！教育部将文言编入小学语文教材旨在播种，小学阶段完成培养学生阅读文言的兴趣即为成功。因此教师不必正襟危坐地讲文言，而是应该带领学生们兴趣盎然地"玩"文言。

（此文发表于《小学教学参考》2020 年第 8 期）

融古化今，小学文言教学任"轻"而道远
——以《莲》主题阅读教学为例

现如今，国人越来越重视传承传统文化，至于如何实现则是众说纷纭、各路出击。投身者有之，畏难者有之，僵化者有之，灵动者有之……张中行先生如是说："学会文言是不是真如行蜀道之难？我的看法，主要症结恐怕是学习方法不妥当，而不是学习对象太难对付。近年来学习外语的人不少，少则两三年，多则三五年，也就学会了，可见学一种新语言并不太难，这经验值得深思。有人说，学文言比学外国语难，这是危言耸听，事实并不是这样。因为文言不是另一种语言，它同现代语有千丝万缕的联系。"作为一名小学语文教师，我早在十多年前就在自己的课堂上实施小学文言教学，经过两次循环教学，依据小学各个学段学情和文言课程的试行实施情况，总结出一个基本有效的文言教学准则：无论是怎样的文本，在儿童手中就应该以儿童的方式来阅读和理解，文言亦不例外。

2015年秋季，我接手一年级语文学科教学工作，开始实施系统而规范的文言特色班教学计划，教学宗旨是"童话地吻醒国学"。两年内完成了文言课堂教学110课——一年级每周一节，二年级每周两节。在一年级下学期（2016年春）学生上文言课不到40节的基础上，我面对全国各地

文言教学研究专家、学者执教了一节"莲"主题群文阅读课，阅读的文本有:《爱莲说》（片段）、文言小品文《荷》和《莲》、汉乐府诗《江南》、现代诗《真想变成大大的荷叶》。其中所做的构思与建设蕴含着我多年来探索而得的小学文言教学实施理念。

以儿童的方式进入文言

何为儿童的方式？即从儿童的视角、儿童的心智、儿童的想象等出发的一切符合儿童身心发展的认知和行为方式。对于儿童心理学、儿童文学的专业研究国外确实是早于我国的，但中国古典文学作品中的那份赤子之心、自然之心却是自《诗经》《尚书》即有的。对于典籍的阅读问题，文言的理解问题，我们通常以为要以学者的视角，专家的身份介入，起码也得正襟危坐才见其重视程度。其实，儿童自有儿童的视角，自得其可乐才是学生学习文言入门的关键。

（一）现代儿童的言语视角

文言与现代汉语既不同又相同。虽然现代汉语在语法结构、行文方式甚至字词含义上都有了丰富的衍变，但因为汉字一脉相承，而且有一些是几千年未变的，所以现代儿童仍然可以读懂部分文言。这份资源就是现代儿童进入文言世界最为温暖的钥匙。比如，教学《放风筝》一文："青草地，放风筝。汝前行，吾后行。"这样的一个文言，除了"汝"和"吾"之外，学生没有读不懂的地方。教学这一课旨在引导学生放松、轻快地感受这种三字句的节奏和韵律，让学生在反复诵读和玩味中体会到"汝"和"吾"所指何人。

（二）符合儿童的心智行为

针对儿童爱想象、爱游戏，活泼好动的特点，我发明了"形体诵读"学文言的方式，即借助文本内容，用手形模拟、体态语言协同诵读。比如教学《龟兔竞走》一课时，我让学生左手中指伸出，其余四指做四足状模拟龟形，右手食指和中指竖起作为双耳模拟兔形，再以简单的表演，形象地理解"速""眠""迟""醒"等词语，甚至对虚词"矣"也进行了针对学生的个性解读。在《江南》这首诗中，最让学生感兴趣的莫过于那穿梭于莲叶间的小鱼，于是我设计了下面的形体诵读环节。

江南可采莲——手采莲子，上下翻飞。

莲叶何田田——双手快速画出足够多、足够圆、足够大的莲叶。

鱼戏莲叶间——双手合拢至腰际做鱼头状，向前摇摆游动。

鱼戏莲叶东，鱼戏莲叶西，鱼戏莲叶南，鱼戏莲叶北。——"手鱼"分别游向上北、下南、左西、右东四个不同的方向，最后游至"北"——头顶，击掌两次，结束。

（三）丰富儿童的想象世界

简练是文言的一个鲜明特点。有人说学习文言会禁锢人的想象，束缚人的思维，其实不然，文言留给读者的空间很大，有利于学生发挥自己的想象，丰富所读内容。比如我在教学《螳螂捕蝉》一文时有这样一个细节。

师：面对当时吴国出兵战楚有极大的后患的形势，执意要进攻的吴王下了死命令："敢有谏者死！"（课件出示：敢有谏者死！）

师：谁能读出王者之气？

面对这句没有任何提示语的句子，课堂上，学生们读得"惊心动魄"，有武断而吼者，有低沉而切齿者，有威严而逐字咬出者，有怒火几近喷出者。

在本次主题阅读起始，随着音乐《江南》的播放，全班学生翩然起舞进入莲之世界，随着"形体诵读"过程的进行，他们的身体被打开，他们的思绪被打开，他们的想象被打开——走向那个文言所构建的远古，采撷属于我们这个民族的、特有的文化之果。

以交融的方式体味文言

一个现代人诵读有些远古的文言，目的何在？当然是对话过去，传承文化，融合古今。

(一) 文本语言色泽与音韵的交融

诵读完《江南》之后，师生身心已经融入那"接天莲叶无穷碧"的世界。此时，学生自然也就联想起两篇已经读过的文言《莲》和《荷》。

莲

莲花，亦曰荷花。种于暮春，开于盛夏。其叶，大者如盘，小者如钱。茎横泥中，其名曰藕。其实曰莲子。藕与莲子，皆可食也。

荷

池中种荷，夏日开花，或红或白。荷梗直立。荷叶形圆。茎横泥中，其名曰藕。藕有节，中有孔，断之有丝。

在学习单篇时，我们更注重学生对莲（荷）的结构、色泽、形态的感悟和体会。我将这两篇文章并置，旨在引导学生去观察、发现它们的相同点与不同点。

师：莲亦曰——

生：荷。

师：所以莲花亦曰——

生：荷花。

师：莲叶亦曰——

生：荷叶。

师：莲梗亦曰——

生：荷梗。

师：莲子亦曰——

生：荷子。

师：哈哈，错了！可没有"荷子"这一说哦！

在对比中，学生发现了不同文本描述中不同的侧重点。《莲》重叶之形，《荷》重花之色，而至于横于泥中的藕，一个侧重对其味之品尝，一个侧重结构描述。从阅读学的角度来说，阅读是为了忘记——真正成功的阅读会将文字无痕地化作阅读者自己生长的营养，所有的相同主题的信息在阅读者头脑中必然重新组合成自我的知识模块。借助这样一个对比阅读过程，我让学生看到了"脑电图"。

> 莲花，亦曰荷花。暮春，池中种荷，夏日开花，或红或白。荷叶形圆。大者如盘，小者如钱。茎横泥中，其名曰藕。藕有节，中有孔，断之有丝。其实曰莲子。藕与莲子，皆可食也。

这是我们将《莲》与《荷》交融之后的新篇。对于一年级的学生来说，这样的交融是新鲜而可及的。最为重要的是让他们知道：阅读所得可以为我所用，随我所用。这里所种下的是一颗关于阅读和写作的种子。

（二）文本内涵文化与哲学的交融

事实上，莲之所以在中国文学史上处于重要地位，是因为莲与儒家、佛家及道家都有密切的关系。对于小学生来说，对此没有必要深入分析，只要从符合小学生现代阅读环境的氛围切入即可。

师：将学的文章都融合在一起可以生出新的文章来。这也是一种好的阅读方法。写莲的文言数量非常多，今天我们将学习其中特别有名气的一篇，大家想学吗？不过这篇文章有点难哦，因为这是初中的大哥哥大姐姐们学习的课文呢！你们敢挑战吗？

生（集体响亮地回答）：敢！

师：听了你们的回答，老师也是信心十足呢！这篇文章的题目是——

（课件出示：《爱莲说》。生齐读题目。）

师：读得真好！周老师特别喜欢这篇文章，有一个重要的原因就是喜欢这篇文章的作者。[课件出示：周敦颐（dūn yí）。]

师：他的名字叫——

生：周敦颐。

师：他生活在千年前的宋朝，是位了不起的理学家。请同学们再次读出他的名字。

生：周敦颐。

师：周姓家族所居地名为"爱莲堂"（课件出示）。你能说说为什么叫这个名字吗？

生1：他也喜欢莲花吧。

生2：他写了《爱莲说》。

生3：他们家有很多很多的莲花。

…… ……

我在这里只是播下一颗小小的"莲子"，何日生根发芽，自有时日，当为后话。

以探寻的方式赏读文言

对比与融合阅读《荷》《莲》，不仅能够让学生将阅读之后获得的信息在大脑中进行组合，还能够启迪学生逐步构建知识模块，形成相同主题阅读的自主链接能力。

（一）借助关键词构建知识模块

针对之前的教学铺垫，并结合儿童的认知水平，我选了《爱莲说》中的片段："予独爱莲之出淤泥而不染，濯清涟而不妖，中通外直，不蔓不枝，香远益清，亭亭净植，可远观而不可亵玩焉。"

《爱莲说》的阅读过程进入更高层面则是一个探索过程：我们要借助已积累的文言信息来辅助理解，让一年级的学生凭字词的表层含义首先在脑海中形成相关链接。

师：这是我们学习的第三篇关于莲的文言，现在我们可以将三篇联系起来想一想：《爱莲说》中的哪些词句让你想起了《荷》和《莲》中的一些词句呢？

生1："出淤泥而不染"让我想起了"茎横泥中"。

生2："中通外直"让我想起了"荷梗直立"，它们都表达了荷梗笔直的意思。

师：其实《爱莲说》中说到荷梗的直，还用了这样的说法。（课件出示：不蔓不枝、亭亭净植。）

师："蔓"就是植物的叶蔓这样随意地、四处散漫地生长出去。

（师动作演示，生模仿。）

师：而"荷梗"是怎样生长的呢？

（生自创动作演示。）

师：看，《荷》中的"荷梗直立"在《爱莲说》里写得如此精彩。看谁坐得像荷梗一样中通外直。你真是一朵清雅的荷花（女生），你真像一片青翠的荷叶（男生），让我们一起不蔓不枝地向上长一长。我们就把自己当成莲花或是莲叶，一起做做生长操吧。

动作演示说明：

让我们的双手合拢，中间留有空隙——中通外直

现在让我们笔直地起身——不蔓不枝

你的荷花或是荷叶舒展开来，便有清香散发——香远益清

请你开心而自豪地将它们向上举起——亭亭净植

师：现在让我们把语句连起来感受一下。

(生全体起身表演诵读：中通外直，不蔓不枝，香远益清，亭亭净植。)

师：有了你们精彩的表现，现在的舞台真成了一片生机勃勃的荷塘！

这是《爱莲说》《荷》《莲》互读的一个实践性的过程。《爱莲说》与前面两篇文言相比最大的不同莫过于作者对莲的情感表白——爱，这也是此篇成为经典之关键。借此将学生由对自然的关注和观察引向对自然的研究和情景融合是本次教学设计的一个重要目标。当然课堂上不能只有空洞的说教，而要依照文本中的千古名句引领学生深入探究："濯清涟而不妖"之于"出淤泥而不染"不只有行文上的骈行，还有作者对莲生长过程的想象、体验与品味。体味"亭亭净植"一句时，学生直接说出了对莲的态度：只是去观赏它们，不去采摘。——这是学生对于花最为纯朴的爱，也是学生对此句所能触及的理解。这就足够了！至于莲高洁的品质及由莲花派生出来的美好事物，那是学生日后通过知识的积累才能体会到的。所以，在此我们种下的是一颗对于美好事物欣赏的种子。

（二）运用主题架培养阅读能力

文言是现代汉语的根，阅读积累文言能让我们得其滋养。这份来自根的营养常常美好得难以言表，就像面对海上一轮明月，只需一句"海上升明月"就能激起无数中国人心中的情愫。这就是文化传承的魅力与价值所在。

经历了一段美好的莲文化探究品味之旅后，我让学生再读一首轻快欢愉的童诗《真想变成大大的荷叶》，既调节了课堂气氛，也给予学生一个联想知识的机会。在这样一个学习背景下，学生对这首童诗中的荷叶部分情有独钟，这就是文化积淀的力量。

荷叶像一柄大伞，

静静地在荷塘举着。

小鱼来了，

在荷叶下嬉戏，

雨点来了，

在荷叶上唱歌……

学生在读这一小节诗时，所有莲主题的文本都被激活了，几乎每一行诗都让他们有了相关知识的情感链接，于是这样一首轻快的小诗，被读得厚实起来。这种阅读的欢愉，联想的快感，如同那田田荷叶，无限地伸向远方……

以个性的方式演绎文言

中华文化中莲文化的丰富性、深邃性是这节课乃至一个人的一生都难以穷尽的。然而莲文化就是这样一个人一个人，一时段一时段地"种植"出来的。据说，莲子可存千年，一粒小小的种子可能于千年之后才萌发，合适的时间、合适的地方、合适的气候与合适的机缘相遇，其萌发的清雅之态、清幽之气足以滋养一个民族。语文的核心素养不就是追求这样一种随缘而萌发的能量吗？所以说这样的课堂能点燃什么，都是由生命个体的本性所决定的。

当我问及学生的课后相关安排时——

生1：老师，我去过周敦颐故居，就在我们无锡，我想再去一次。

生2：我想把三年级的这篇《荷花》读一读，也写一写批注。

生3：鼋头渚公园里有许多许多的莲叶，我要去拍许多许多的照片。

生4：我想画一张画送给老师。

生5：我要把这两首写莲花的诗都背过。

生6：我争取把《爱莲说》学完。

学生在想象和现实中去寻觅"莲"踪，文学的、艺术的……不同的选择来自他们不同的兴趣，但有一点是相同的：都是立足于莲的文化行为。在此，我们又种下了一颗文化主题的种子。

汉语言所传承的中华文化何其丰厚博大。在小学阶段，文言教学的基本任务是播种，培养兴趣远远重于让学生背诵积累，意象形成远远重于理解分析。以儿童的方式进入文言，以交融的方式体味文言，以探寻的方式赏读文言，以联想的方式化解文言，以个性的方式演绎文言，就是为了打通汉语中文化意象传承的经脉，就是为了体现小学文言教学应该任"轻"而道远！

（此文稍缩减后发表于《教学与管理》2018年第4期，原题为《小学文言教学必须重视文化意蕴的传录》）

文言课堂——小学课外文言文阅读教学

紫雨的文言课

和一年级学生讲文言故事

——《龟兔竞走》教学实录及点评

执教：周晓霞

点评：高子阳

▶▶ 教学内容

龟兔竞走

龟与兔竞走，兔行速，中道而眠。龟行迟，努力不息。及兔醒，则龟已先至矣！

——选自《意拾喻言》

▶▶ 教学实录

《龟兔赛跑》和《龟兔竞走》

师：同学们都喜欢听故事，而且还喜欢讲故事，看看我给你们带来的朋友是谁。（课件出示慢慢爬行的乌龟和蹦跳的兔子的形象。）

生：小乌龟、小兔子。

师：这两个动物之间有一个非常经典的小故事，你知道吗？

生：《乌龟赛跑》。

师：哦，你的故事里兔子好像不见了！

生：是《龟兔赛跑》。

师：有人知道这个故事吗？谁来讲讲？

生：一天兔子提议和乌龟赛跑，乌龟不同意，兔子就笑话乌龟，乌龟被激怒了，决定还是比一次……这个故事告诉我们不能骄傲，要谦虚。

（生鼓掌。）

师：这位同学把故事讲得绘声绘色，还不忘提醒我们其中蕴含的道理。难怪大家要把掌声送给他。可我刚才听他讲"枪声一响，乌龟和兔子都飞快地跑出去"，总觉得……

生1：觉得不对。

生2：乌龟才不会飞快地跑出去呢。

生3：只有兔子才能跑得飞快。

师：哈，就是！今天我也来为大家讲个小故事。（课件出示课题：《龟兔竞走》。）你看题目，说说这可能是个怎样的故事。

生1：可能也是乌龟和兔子的故事吧。

生2：它们不赛跑了，比赛竞走了。竞走是走路。

生3：对，竞走就是这样。（生起身学动作。）

师：是啊，竞走也是奥运会上的一种体育项目呢。

生：竞走要走得很快。

（师指名一生表演"走"与"跑"，生表演。）

师：周老师今天要讲的这个故事是古人写的。古代的"走"就是现代的"跑"。请大家用双手当"双脚"一上一下交替，进行不同形式的"走"的表演。

（生表演。）

师：现代人"走"。（生慢速。）古代人"走"。（生加速。）请你再来表演一下。（师指名生演示。）你是现代人，请"走"过来。（生一步一步走。）你是古代人，请"走"回去。（生迅速跑回。）

生：老师，那古人一步一步走叫什么？

师：你不但勤于思考，也敢于发问，真是好样儿的！古人一步一步走，就叫"步"。我们现在还有这样的说法——散步。

师：古人说的"走"就是跑的意思。那"竞"可能是什么意思？

生："竞"就是向前进的意思。

师：嗯，方向是对了，但还差一点意思。你能用"竞"组个词吗？

生1：竞赛。

生2：竞争。

师：真棒！古代人常常只用一个字表示我们现在一个词的意思。这个现象被你发现了。

生1：竞赛就是比赛的意思。

生2：《龟兔竞走》就是《龟兔赛跑》的意思。

师：好吧，那我们就来听听古人是怎样讲这个故事的。

（师讲述古文。生茫然，有笑声。）

师：你听懂了吗？

生：听不懂。

师：有没有记住一句？

生：没有。

师：想听懂吗？

生：想——

师：那你们得先准确地记住故事的名字——

（生齐读课题《龟兔竞走》。）

▶▶ 点评

小孩子都喜欢听故事，尤其喜欢躺在爸妈的怀里、坐在爸妈的面前听他们讲故事，像《龟兔赛跑》（此文是《伊索寓言》中的故事，林纾将《伊索寓言》译为《意拾喻言》，内容均用文言翻译）这类经典故事，很多父母都会在孩子似懂非懂时讲述，并且是一遍遍地讲述。周老师用学生熟知的故事讲相对应的文言，即使是一年级的学生也会眼睛一亮，发现文言与自己所听故事的同与不同，学生的这种发现让我看到了一种好玩的文言教学模式。那学生能感觉到这样的古文好玩吗？看学生对"竞""走"两字的"触摸"，你就会发现学生真的不一般。为什么？答案也许是我们每个中国人的血液里都流淌着文言的基因。这样的课堂，只是在做一种唤醒，唤醒学生来玩味文言的意识。最难得的是周老师不急不缓，耐心地等待学生的介入，相信他们的成长。

口头诵读和形体诵读

（课件出示：龟与兔竞走。）

师：看看这一句话，比刚刚出示的课题多了哪一个字？

生：与。

师：谁能用上"与"来说句话？

生1：我与王新月一起玩儿。

生2：程明与我做游戏。

师：你看，我们用的"与"和古人用的是一个意思。"与"是用来连接前后两个人或事物的。我们故事里的两个人物是谁？

生：龟和兔。

师：这两个可爱的角色，我们用两只手来表示它们。谁能用手来演示兔子？

生（伸出食指和中指，其余三指收拢）：食指和中指表示兔子两个长长的耳朵。

师：这个创意真好，我们都来学你的。

（生集体做手势。）

师：那么谁来设计一下乌龟的手势？

生（趴在桌子上做爬行状）：就这样爬。

师：想办法用一只手来表示。

生（用一只手在桌上做爬行状）：这样可以吗？

师：好的。老师给点提示，乌龟的头和脚，我们如何用手指来演示呢？

（一生将中指向前伸，作为乌龟的头，其余四指做爬行状。）

师：这不就成了！你来给大家做个示范。

（生示范。）

师：我们每个人都有一只兔子、一只乌龟啦。让你的兔子蹦一蹦。（生操作。）让你的乌龟爬一爬。（生操作。）龟与兔竞走。（生一手举"龟"形，一手举"兔"形，双手做奔跑状。）

（生模仿并诵读：龟与兔竞走。）

师：热身完毕，下面要开始比赛了。你们准备好了没有？预备——跑！

（生纷纷出手。）

师：告诉我，谁在前？

生：兔子。

师：为什么？

生：因为兔子跑得快。

（课件出示：兔行速。）

师：为何要说"速"？

生："速"就是快速的意思。

师：你已经能将古人的一个字变成我们现在的一个词了，真好。让你们的"兔子"快速蹦出去吧！

生：兔行速。（生快速出手做"兔子"形。）

师：咦，乌龟呢？（课件出示：龟行迟。）谁来猜猜"迟"的意思？

生：龟行迟，"迟"就是慢的意思。

师：你们几点钟上课？

生：八点。

师：如果你八点零五分才进教室，我们就说你——

生：迟到了。

师：就因为你慢了，所以有一个词叫"迟缓"，和"缓慢"有相同的意思。现在，让你们的"乌龟"出场吧。（生让"乌龟"在桌上缓慢地"爬行"。）

（师指名生读这两句话，生再齐读。）

▶▶ 点评

我们都接受过文言教学，教师是怎么教的？很多都是讲讲字词的古今义，把文言一句一句翻译成现代汉语，优秀的教师还把好句子、好段落、好文章的结构等做些分析，最后再要求学生把文言一字不错地背诵下来……像周老师这种好玩的教法，真是第一次看到。一手为龟，一手为兔，不需要任何灌输，一年级的学生就这样把"与""速""迟"学活了。学生是喜欢动手的，何况他手中"操纵"着整个比赛，这让他们感受到了一种自主的愉悦，从心理上积极参与进来。几乎"无意识"的学习是最佳的学习心态，也是效果最佳的学习方式。

"中道而眠"和"努力不息"

师：如果按照这样比下去，应该谁赢啊？

生：应该是兔赢。

师：可是结果呢？

生：乌龟赢了。

师：大家都知道其中的原因，那就是——

生：兔子不小心睡着了。

师：古人说睡觉不说睡觉，说——

生：睡眠。

师：别忘了古人喜欢用一个字来表示某个意思呢。

生1：睡。

生2：眠。

师：有的动物到了冬天就要——

生：冬眠。

师：有一首诗里也有这个"眠"字呢，（课件出示：眠。）它叫——

生：《春晓》。

（生背诵。）

师：嗬，瞧你们在春天的夜晚睡得多香啊！可这兔子是在什么时候睡觉的？

生1：它在比赛的路上睡着了。

生2：兔子是在半路上睡觉的。

（课件出示：中道而眠。生齐声读。）

师：你的"兔子"是怎么睡觉的？

（生纷纷演示"兔子"睡觉的姿态：有的耷拉下耳朵，有的仰面朝上，有的侧卧……）

师：你能把"兔子"比赛时的表现演一下吗？

（课件出示：兔行速，中道而眠。师指名生演示："兔子"快速出发，然后仰卧于途中。）

师：乌龟这时在干什么？（生演示"乌龟"爬行的动作。）请问小乌龟，你能接受我的采访吗？

生：可以。

师：你在干吗？

生：我在和兔子比赛跑步。

师：你有把握赢吗？

生：以前不知道，可是现在它睡着了。

师：哦。

生：不要吵醒它。

师：要不你也休息一下？

生：我才不呢。一休息就跟兔子一样了。

师：好，我为你加油！乌龟加油！乌龟加油！（在该生旁耳语。）

生（集体低声）：乌龟加油！乌龟加油！

（课件出示：努力不息。）

生（集体低声）：乌龟加油！努力不息！乌龟加油！努力不息！

师：让你的"乌龟"从"兔子"身边爬过。

（师指名三生边读边演示"兔行速，中道而眠。龟行迟，努力不息"。）

▶▶ 点评

这样教学美不美？美！是不是一种享受？是独特的享受！这种美从何而来？这种享受从何而来？从文言的魅力中来。你看，才一年级的学生就被简洁有力的语言文字唤醒了，个个都成为了表演天才。当你静静地看这段实录，想象着课上的情境，想象着周老师与学生低声一遍一遍没有任何重复感地读着"兔行速，中道而眠。龟行迟，努力不息"的样子时，你的心会落地，你的情感会飞越，你会受到文言的洗礼，感受到汉语言独有的节奏和韵律。

兔子的"矣"和乌龟的"矣"

师：故事的结局大家也是很清楚的。

生1：乌龟赢了。

生2：兔子输了。

师：这一切，兔子一觉醒来才知道。

（课件出示：及兔醒，则龟已先至矣。生读三遍。）

师："及"是什么意思？

生1：就是很着急的意思。

生2：就是很快的意思。

师：这次你们猜错了，我们还是用"及"来组组词。

生1：等不及。

生2：不及格。

师：嗯，"等不及"就是不想再等了的意思。"不及格"就是考试没达到60分的意思。这里的"及"就是等到的意思。"及兔醒"就是——

生：等到兔子醒了。

师：哈哈，你的兔子醒了吗？

（生纷纷让自己的"兔子"醒来。）

师：我再采访一下"兔子"。可爱的兔子，你看到了什么结果？

生：乌龟已经到了终点。

师：请读文言。

生：则龟已先至矣。

师："则"表示结果。这句话中有一个字和"到"很有关系哦。

生："至"就是"到"的左半边。

师：你的眼睛可真亮，就像红宝石！"至"就是到的意思。亲爱的小兔子，配上你的手势读读这句话。

生：则龟已先至矣。

师：老师看到你的"耳朵"（手势）又耷拉下来了。还想睡觉？

生1：不是。这是难过。

生2：它难为情了。

师：我还听出一个字也是耷拉着的。

生：矣。（语调向下。）

师：耷拉得这么厉害。

生：它后悔了，真不该睡觉，觉得自己的选择是错的。

（生集体读"则龟已先至矣"。）

师：看来大家真的会读了。我来读一遍，大家听听，看老师读的和你们读的有什么不一样。（师读，将"矣"处理成一个上扬的音调。）

生：老师读的"矣"是这样的。（手向上扬。）我们读的"矣"是这样的。（手向下。）

师：你的"耳朵"也在帮助你发现哦。这个"矣"在文言里没有实际意思，可读起来又很有意思。你们再听听，这样的话可能是谁在说呢？（师再读上扬语调。）

生：这话好像是乌龟在说。

师：哦，怎么听出来的？

生：因为听上去好得意的样子。

（师指名两生读，读出乌龟的得意，并配以乌龟得意的手势。）

师：乌龟的得意体现在哪个字上？

生：矣。

师：兔子的难过体现在哪个字上？

生：矣。

师：你能读出来吗？

生：及兔醒，则龟已先至矣。

（生夸张了"矣"音的下沉语调。）

师：当然，我们还可以作为观众来读，作为乌龟或兔子的啦啦队来读，作为它们的朋友来读。用不同的声调读"矣"来表达不一样的情感。现在，这个故事你们会讲了吗？

（课件出示《龟兔竞走》的内容，生集体配合手势讲述。师指名生到台前表演。）

▶ 点评

古汉语中的虚词可分为六类：副词、介词、连词、助词、叹词和拟声词。这些虚词没有多少实质性的意义，但不能小看它们，因为它们能给文章增色，能让文章情趣斐然。《龟兔竞走》这篇文言，第一句有

"与"和"而",最后一句有"矣",如果去掉这三个字也可以,但读一读,此文就没有味儿了!三个没有意义的字能使整篇文章趣味十足,真是奇妙!关于虚词的美,我上学时语文老师没有讲过,我是工作十多年之后听一位大学教授讲虚词才明白的。周老师非常巧妙地抓住了虚词这个点,用了学生喜欢的好玩的教学方法,让一年级学生感受到了小小虚词中藏着的大千世界。没有专业术语,没有高深讲解,但文言的种子已经被其温馨地播在学生的心中。

文中的画和画中的文

师:同学们今天的表现真是精彩。老师奖励你们看连环画。(传纸。)大家想怎么读就怎么读。

(生读。)

生:老师,你的图和文字不对应。

师:噢!看这负责打印的老师好粗心哦。我明明配好了嘛。那你们就帮老师把图画和文字重新连一连吧。

(生连线,师行间指导。)

师:谁来讲讲你连线的理由?

(师指名生讲解并反馈讲评,结合连环画复习文本。)

师:喜欢今天的文言小故事吗?把你今天学到的故事讲给别人听吧!

(下课。)

▶▶ 点评

国学教育历来和古板连在了一起,但周老师在课堂上的这个"小小错误"却是情趣盎然。可爱的老师,可爱的学生,可爱的文言!当学习变得如此可爱,母语的力量会自然地生发出来。

▶▶ 综合点评

生活在21世纪的小学生要不要学点文言?我反对过很久,我认为小学生现代文都学不完、学不明白，还有必要"复古"吗？就算到台湾考察，看了三套小学国语教材，发现台湾学生也才是从小学六年级开始接触文言的。（一册教材有12～14篇课文，其中就有1篇文言）2012年初夏，溧阳市埭头小学搞教研活动，请我与周晓霞老师过去上公开课。我们是一起到的，周晓霞老师没有时间去接触学生，也不可能有预演的机会。当一年级的学生一个接一个地走上舞台后，周晓霞老师才从我身边站起，奔向讲台开始上课。

哥伦比亚著名作家加布里尔·加西亚·马尔克斯说："书最难写的就是第一段。第一段我通常要写几个月，一旦写好它，其他的就容易多了。第一段解决了一本书的很多问题。它定义了小说主题、作品风格和基调。至少，在我看来，第一段是整本书其他部分可以参考的模板。"其实上一节课如写一本书，一节课的开头也如同书籍的第一段。周晓霞老师用学生熟知的《龟兔赛跑》的故事把学生快速引至《龟兔竞走》这篇文言上，学生们迅速沉醉于各自的表演，把我也吸引住了。由这个小开头完全可以预测到这是一节特别的课，可以感觉到让学生"玩玩"文言这件事是非常有意思的。周晓霞，一位普通的小学语文教师，用与孩子玩的方式，让一年级的学生学习文言，咀嚼每一个字的味道。就这样，我被周晓霞老师的文言教学征服了！

当一年级的学生带着喜悦离开课堂时，从学生的脸上，我读到了一种神奇的满足感，那是我以前给自家孩子讲《龟兔赛跑》的故事所看不见的。下课后，我对周晓霞老师说："你的这种教法，可谓周氏文言教法。"听周晓霞老师教一年级学生学文言是一种享受，她的方法不复杂，没有任何花样，语文老师都可以做到。

文言是汉语言的根，中国人的魂，这个根不能除，这个魂不能丢。我倡导语文教师都像周晓霞老师这样为学生多讲讲这些有趣的文言故事，让母语教学更具"母"性！

让低年级学生在大数据的思维下学语文
——《雨》的教学实录及点评

执教：周晓霞
点评：高子阳

▶▶ 教学内容

今日天阴，晓雾渐浓，细雨如丝。天晚雨止，风吹云散，明月初出。

——选自民国老课本

▶▶ 教学实录

课前交流与导入

（课件出示甲骨文"雨"字。）

师：你们认识这个字吗？

生：雨。

师：怎么看出来的？

生1：它们就像一个个小雨点似的落下来。

生2：那个字里的一横就是天空，下面的小点就是雨滴。

师：你们真是太棒了！说说这都是些什么样的雨啊？

生1：有的是大雨，又粗又大；有的是小雨，又小又细。

生2：有的下得快，有的下得慢。

师：嗬，真是一双双会发现的眼睛。这是不是和我们生活中的雨有点像呢？

生：是！

师：说说你们在生活中都见过哪些雨？

生：我见过雷暴雨。

师：嗯，你可以用一些词语来描写雷暴雨。

生：轰隆隆。

师：嗯，这雷声好响啊。

生：哗啦啦。

师：哇，这雨下得好大啊！

生：狂风暴雨。

师：哦，你都会说成语了。一个成语把风和雨都表现出来了。

生：倾盆大雨。

师：又是一个形象的成语，你棒极了！除了雷暴雨，你们还见过什么样的雨？

生：我见过那种像豆子一样的雨。

师：嗯，一颗一颗从空中砸下来。

生：我见过细细的雨。

师：那些细得像牛毛、花针一样的雨一般在什么季节出现呢？

生：春天。

师：是啊，它们细细地、悄悄地滋润着大地，杜甫的那首诗就写过——

生：随风潜入夜，润物细无声。

师：春天的雨不仅细得无声，还细得几乎看不见呢！走在春雨里，有时要衣服湿了才知道是在下雨呢。南宋有一位叫志南的诗人就写了："沾衣欲湿杏花雨，吹面不寒杨柳风。"大家跟着我读一遍吧。（课件出示该诗句。)

生：沾衣欲湿杏花雨，吹面不寒杨柳风。

师：我们可以反复地读一读、玩一玩，等待上课。

▶▶▶ 点评

上课前的交流环节是整个课堂教学的孕伏期。周老师要讲《雨》这篇文言，课前谈话肯定要谈雨说风。说得少了，那就只是谈话；放松地聊，聊到各自忘我的程度，那就是课程。这个开头具有"雨"之味，很美。从周晓霞老师与学生的交流中可以看出学生的成熟，只要我们相信学生，与每个学生放开去谈、去聊，他们都会把大脑中储存的智慧毫无保留地展现出来。

读《雨》，初知章法

师：刚才，我们交流了对"雨"的印象和有关"雨"的词句，今天，周老师将和大家一起学习文言——《雨》。

（课件出示带拼音的文言内容：今日天阴，晓雾渐浓，细雨如丝。天晚雨止，风吹云散，明月初出。）

师：我发现有人迫不及待地想读，那我们就试着诵读一下。

（生练习。）

师：哪位同学第一个来读？

（生读。）

师：你读得真是很好哦！读第一遍就读得很连贯，只读错了一个字音。谁听出来了？

生："丝"是平舌音，他读成了翘舌音。

师：你真会倾听！你也给大家读一遍吧！让刚才的那位同学仔细听一听，学一学。

（生读。）

师：果然棒！我们再来听听第一位读文言的同学有没有把错误的读音改正过来。

（第一位生再读。）

师：看，同学之间这样互相学习，真好！这就是进步。下面我们开火车读一读，每人只读一小句。

（分为两列，生开火车诵读。）

师：一列火车开得特别快，一列火车开得很有节奏，都不错。男、女生再来分开读。

（男生读，女生读。）

师：老师感受到了，男生的朗读声非常有力，而女生的朗读声有点绵软。你们觉得如果读《雨》，哪种方式更合适呢？

生1：我们男生读得好！

生2：这个雨天给人的感觉就是柔柔的！

师：其实我们可以将男女生不同的朗读方式结合起来。既有欢快的节奏，也有轻柔的语调，就更好了。我们集体来读一遍吧。

（生集体诵读。）

▶▶ 点评

何为诵？即用高低抑扬的腔调念，本义是朗诵。何为读？即看着文字念出声来，本义是读书，见字知意。诵读相加早已经成为语文学习永远不会被废除的方法，尤其是在小学阶段。我们应该从一年级开始，让每位学生真正诵读起来。学生一遍又一遍地参与到诵读中来，就会在诵读中改变自己，从此爱上语文。

师：这篇文言是不是很短小？

生1：是。

生2：只有24个字。

生3：只有两句话。

师：是啊，只有两句话。

> **课件出示**
>
> 今日天阴，晓雾渐浓，细雨如丝。
>
> 天晚雨止，风吹云散，明月初出。

师：仔细读一读，你能发现老师把这篇文章分为上下两句的原因吗？

生1：第一句写下雨，第二句写雨停了。

生2：第一句是写早上，第二句是写晚上。

师：一位同学认为是根据下雨的情况来分的，另一位同学认为是根据时间来分的，都有道理。可你是从哪里看出第一句是写早上的呢？

生："晓"就是早上的意思。

师（点击课件圈出"晓"字）：比如，我们背过的一首写春天早晨之景的小诗——

生：《春晓》。

师（点击课件圈出"晚"字）：文言第二句中的"晚"非常明显，就表明时间是在晚上。那老师想问问你们，还有哪个词也能表明时间是在晚上呢？

生1：月亮。

生2：明月。

师（点击课件连接"晚"与"明月"）：对，明月也是点明时间是在晚上的一个词语。读书就要学会前后照应着读，这样就能读出别人没发现的"秘密"。那么请你们再读一读，你们还会有什么发现呢？

（生读，无人回答。）

师：刚才我们发现了这篇文章共有两个句子，现在我们可以再细心地数一数……

生：老师，我发现了！我发现这篇文章每个小句子都只有四个字。

师：你看，一用心，又一个秘密被你发现了。

课件出示

> 今日天阴，
>
> 晓雾渐浓，
>
> 细雨如丝。
>
> 天晚雨止，
>
> 风吹云散，
>
> 明月初出。

师：这样读一读，你们又有什么感受呢？

生1：老师，就像在跳舞。

生2：我发现可以打着拍子读，今日/天阴，晓雾/渐浓，细雨/如丝。天晚/雨止，风吹/云散，明月/初出。

▶▶ 点评

什么是文章？篇幅不很长且独立成篇的文字也是文章。以此标准可以断定《雨》是文章。"文章"的"章"字是个会意字，从音从十。古代奏音乐，连奏十段才能结束（十，数之终也），这十段乐就是一章。所以，文章有段落。"文章"既从"音乐"里会意出来，那么文字读起来就要如音乐一样美妙无穷、悦耳动听并能传诵开来，才配得上"文章"一词的真正含义。周晓霞老师从诵读开始带着学生认识句段，让学生感受到读句子像是在跳舞。这自然而然之教就把学生带入真正的文章学法上了。文言小品文虽小，但仍是文章！文言怎么学？回归到自然之方式上学。

吟《雨》，感受其妙

师：真有趣！不过今天，周老师教你们一种新的读法，愿意试试吗？

生：愿意！

师：还记得我们读诗的方法吗？

生：平仄声。

师：对，同学们先将文章里每个字的平仄标出来吧！

（生标平仄声。）

课件出示

今日天阴， 天晚雨止，
晓雾渐浓， 风吹云散，
细雨如丝。 明月初出。

师：现在大家再按平长仄短的方法读一读这篇文章，又会有怎样的感受呢？

（生读。）

生：很好玩，节奏不一样了。

师：是啊，不同的节奏会带给人不同的感受。你们听老师来读一下，看看会产生什么联想：今日天阴。（师将"阴"的读音拉长。）

生1：天真阴下来了。

生2：好像有乌云来了。

生3：马上就要下雨了。

师：是啊，声音可以让我们联想到很多很多。请你们也找出文中以平声收尾的句子试着读读吧。

生：晓雾渐浓——

师：雾越来越大了。

生：明月初出——

师：月亮慢慢地升起来了。（师用手势表演"越升越高，越升越高"。）

生：细雨如丝——

师：那雨丝好长好长的样子。文中以仄声收尾的句子又有什么不同呢？

生1：天晚雨止——

生2：雨一下子就停了。

师：对啊，雨说停就停了。一起来——

(生集体读"天晚雨止"，师做休止手势。)

生：老师，"风吹云散"也是说散就散的样子。

师：原来平仄声的方法一读还可以有这样的感受。我们一起打着手势来读一读。

(生集体读全文。)

点评

一提平仄，许多老师肯定会说："一年级的学生那么小，不要讲，不要讲！课程标准没有要求我们给学生讲平仄，不要故意提高要求！"所以小学古诗教学不管是常态课，还是名优教师的公开课，在教学中你是听不到"平仄"两字的。为什么不能讲平仄？平仄真的就那么难？小学生真的不需要？周晓霞老师的课告诉我们，可以讲，一年级小学生能明白。布鲁纳曾经说过："只要方法正确，五岁孩子就能学会微积分。"平仄比微积分简单多了。如果学生早早地了解平仄，在朗读课文时能够使用平仄之规律，语文学习之味怎会不足？

玩《雨》，趣解其意

师：大家读得很有意思，如果能边读边想象就更有意思了。"今日天阴"是说什么呢？

生：说今天的天气。

师：如果今天是个大晴天，要怎么说呢？

生：今日天晴。

师：你们还可以用这样的句式说出不同的天气情况吗？

生1：今日天雨。

生2：今日天雪。

生3：今日天多云。

师："今日天多云"是正确的，但如何才能修改成四个字的短句？

生：今日多云。

师：真好！天气转阴了，而且起雾了，你能让雾"浓"起来吗？

（课件出示一张淡雾图。）

生：晓雾渐浓。

（课件出示一张雾气渐浓图。）

生：晓雾渐浓。（语调增强。）

（课件出示一张浓雾图。）

生：晓雾渐浓。（延长"浓"字的读音。）

师：浓雾渐渐变化，现在下雨啦——

生：细雨如丝。

师：有谁见过丝？

生：蚕宝宝会吐丝。

（课件出示蚕丝图。）

师：你们还在哪里见过丝？

生1：毛毛虫会吐丝。

生2：蜘蛛会吐丝。

师：不只是虫类会吐丝，还有一些植物也会哦。

生：藕，藕有丝的。

（课件出示：藕——断之有丝。）

师：还有一些东西像丝一样细，比如——（课件出示：菊花——如丝如爪。）

（生读。）

师：今天学习的文章中说谁像丝？

生：雨。

师：那么我们来看看怎样的雨才是如丝的雨呢？

（课件出示两幅图，生判断。）

生：青蛙撑着树叶的那个图里的雨是如丝的。

师：请你读出这种雨如丝的感觉来吧。

（生读。）

师：你读得像青蛙一样开心。

（课件出示不同的画面，生不断地读。）

生：细雨如丝。

师：如诗如画。

生：细雨如丝。

师：春芽萌发。

生：细雨如丝。

师：涟漪轻起。

（课件出示细雨的动画。）

生：细雨如丝。

师：动画中，窗外一片迷蒙，如果此刻你就在窗内，你可能会做什么？

生1：我可能会读书。

生2：我会唱唱歌、听听音乐。

生3：我什么都不做，就趴在窗台上看雨。

师：是啊，如此惬意，如此美好。雨也不总是这样哦，比如，有时它会这样——

（课件出示大雨如注的动画。）

生：哇，好大的雨。

师：你能学着"细雨如丝"的句式，说说这样的雨吗？

生1：大雨如豆。

生2：大雨如注。

生3：大雨倾盆。

…………

师：是啊，不同的雨让我们有不同的感受。（课件同时出示细雨和暴雨的动画。）文中的雨就这样下啊下啊，一直——

生：天晚雨止。

（课件出示图片。）

师：雨真是说停就停，看看花园里。（课件出示图片。）

生：天晚雨止。

师：看看湖面。（课件出示图片。）

生：天晚雨止。

师：看看天空。（课件出示图片。）

生：图中还有云朵！

师：那就来阵风吹散它们吧。

（生集体做吹风状。课件出示图片。）

生：风吹云散。

师：哗——果然万里无云啦！接下来——（课件出示图片。）

生：明月初出。

师：说说你们此刻的感受。

生1：好美啊！

生2：太美了！

师：呵呵，不能只顾说着美，要把自己的感受具体地说一说。

生1：我仿佛看到了月亮在慢慢地向上升。

生2：我想到一个词语——皓月当空。

生3：我想起了李白的诗："小时不识月，呼作白玉盘。"

▶▶ 点评

看到这里，你肯定会想到自己以前是如何学文言的，读初、高中时语文老师教文言的样子也会跳出来。我的老师没有这样教过文言，我身边的无数同事也没有这样学过文言。文言可以这样教，文言应该这样教！文字简练是文言的标志之一。这种简练，不是简单，而是给予我们许多思考的空间，文言之美就在此也！我们以前学文言就是简单地把文言翻译成白话文，然后讲讲文中的实词、虚词、通假字以及某字的古今义等，文言之精髓其实就是被这种简单之教给教没了的。周晓霞老师这样教，学生怎能不喜欢？假如持续学六年文言小品文，学生怎能不生发出对祖国语言文字的热爱？

诵《雨》，整体入境

师：同学们，你们实在是太聪明了。我们就这样一边读着一边聊着，一边读着一边想象着，好开心啊。相信大家现在再来读读全文，会读得更流畅、更美妙。你们敢和电脑比一比吗？

（课件出示电脑打字打出全文的动画，生读的速度明显快于画面中电脑打字的速度。）

师：这篇短短的文言写出了从早到晚天气的变化。我们还可以将每个画面用一个词来概括一下。

课件出示

（　　）雨止　　（　　）天阴　　（　　）月出

（　　）云散　　（　　）雾浓　　（　　）细雨

师：你们又发现了什么？

生1：都变成两个字了。

生2：它们都乱掉了。

师：是啊，都乱了。这电脑一看动作没我们快，它都急糊涂了，我们赶快帮电脑把这些词语重新按序排一排吧！

（生重新排序，师点击课件标出序号。）

课件出示

天阴　　雾浓　　细雨　　雨止　　云散　　月出

师：好的，大家看看课件，现在的顺序是不是正确的？哪位同学记得文章内容？做做裁判员检验一下。

（师指名生按画面提示背诵。）

师：掌声送给优秀的裁判员。他都快将文言背出来了。有没有不需要关键词提醒也能背下来的同学？

（生背。）

师：一起来吧！

（生集体背文言后下课。）

综合点评

无锡市育红小学2015级（5）班是周晓霞老师从2015年秋季接手的班级，我知道她的学生们一个学期除了把课本内容全部学完外，还非常轻松地学了20篇文言小品文，背诵了20首古诗，共读了58本绘本、26首童诗，周晓霞老师还为学生大声朗读了《影子人》整本书，学生还轮流朗读了《书本里的蚂蚁》。这是大数据时代背景下非常罕见的小学一年级语文教学方式，如此教学效果肯定好。学生这样学累吗？如果累了，学生早就反映了。学生讨厌这样学吗？看看课堂的表现，看看他们每个人高兴的样子，喜欢着呢！

小数据时代的语文学习就是反复背诵、做题、考试，偶尔读几本书。大数据时代的语文学习是以课本为起点，以学科核心素养为目标，大量阅读，让学生在一条条道路上奔跑起来，拥抱语言文字，行走在创新之路上。小学一年级的语文学习同样应该走在大数据时代的道路上。

从中华人民共和国成立至今，共有8次课程改革，语文教材发生了非常大的变化，但《雨》没有被哪个版本的教材选用过。周晓霞老师的团队创编了一套文言读本，并在自己的班级里进行试教，这是非常了不起的。你看，这群学生才读一年级，并且是第一个学期，就学了那么多，甚至可以说是海量，其实这是贴近大数据时代语文教学要求的表现。让学生从一年级就大量接触文言，这是把祖国几千年的优秀传统文化尽可能多、尽可能早地呈现给华夏儿女的行为，值得赞颂。

当下课文之教学存在的问题很多，很多专家学者认为一部分教师把课文教得一点都不像语文课。周晓霞老师《雨》之教法，因为有大数据的意识，所以从一开始聊"雨"就把学生的思维全激发起来了，学生说出来的雨与成人头脑中存在着的雨难道不是相同的吗？一年级学生虽然只有六七岁，但六七岁的他们不是生活在真空里，他们与我们大人一样，头脑中储存着很多东西，关键要看我们用什么办法把学生头脑中已经有的大数据调出来。对《雨》的每一句话的理解，周晓霞老师没有使用其他老师们都会的翻译成现代汉语的小数据教学法，你看她引领的方式，学生述说的内容，呈现出来的东西一点都不狭隘。把学生所说的每一句叠加在一起，反复读一读，你一定会说这就是真正的语文。教师占有了大数据，学生才能因此拥有大数据。这就是语文课程该做的，这就是课程理念下的语文教学，是真正不走样的语文教学。

这几年，我常常与周晓霞老师聊文言教学。一开始，我是强烈反对小学生学文言的。目前现代文教学都存在那么多问题，文言教学对教师的各方面功底要求又很高，现在有多少教师能拥有这种功底？看了周晓霞老师执教的好多节课，我的想法改变了，特别是了解了她对吟诵的理解与使用。我听过几位专家讲吟诵，本来想学习的，但一听他们神乎其神的讲述，我就不想学了。因为我觉得吟诵不是多么难的事，应该是非常简单的。周晓霞老师让我记住了"平长仄短，因字定调"的方法。她现场表演给我看，我居然只用了十来分钟就学会了。我恍然大悟了！我立即到我的课堂上去试，一遍遍地按照平长仄短的方式读古诗，好有味道！我的学生也立即学会了，效果真好！我还教会了我工作室里的老师们。从我的这一改变中，我体会到周晓霞老师在"深入浅出地教文言"方面做得非常好。一年级的小学生知平仄了，平长仄短地读起文言、古诗来了，美啊，太美了！方法就那么简单，所有的语文老师都可以学会这一方法，学会了再去教文言就好玩了。你不会讲，你就带着学生一遍一遍地吟诵，吟诵得多了，很多东西今天不懂，明天可能就懂了，后天有可能就会用了。没有文言，汉语的世界就像夜空中没有星光，就像花朵没有芳香；没有文言，汉语的大地就没有了母亲河；没有文言，我们的孩子就再也找不到回"家"的路。

朱自清先生说过："经典训练的价值不在实用，而在文化。"儿童学《雨》，一年级的学生学《雨》，学的不仅仅是一篇只有24个字的小小文章，他们分明是徜徉在雨的课程中，徜徉在传统文化的海洋里。老师教《雨》，周晓霞老师教《雨》，教的不仅仅是一篇只有24个字的小小文章，她在教我们赶紧把祖国传统文化的精髓拾起的方法，因为孩子们真心需要这块民族瑰宝。

走汉语来时的路　品故事原有的味
——《揠苗助长》教学设计

▶▶ 教学内容

揠苗助长

宋人有闵其苗之不长而揠之者，芒芒然归，谓其人曰："今日病矣！予助苗长矣！"其子趋而往视之，苗则槁矣！

——选自《孟子·公孙丑上》

▶▶ 教学目标

1. 通过诵读，让学生感受文言故事的韵味和趣味。

2. 让学生重点理解"闵""揠""趋""槁"等词语，理解故事大意及其内涵。

3. 指导学生品味文言，对"其""之""矣"等文言虚词有初步的感知。

4. 反复指导朗读，力求学生成诵。

▶▶ 教学准备

1. 《揠苗助长》三个版本的课文内容（苏教版、湘教版、人教版），以及杨伯峻的译注。

2. 课件。

教学过程

激趣导入

1. 老师先来做个调查，请喜欢听故事的同学举手。看来所有人都爱听故事，就算是不识字的人也一样。可以毫不夸张地说，人类的文明就是从故事开始的，先是口口相传，后来有了文字，故事就可以传播得更广、更远。

2. 今天，我们就来读一篇只有41个字的小故事，不过年代很久远了，你们能读出来吗？课件出示甲骨文版的课文内容。（图1）

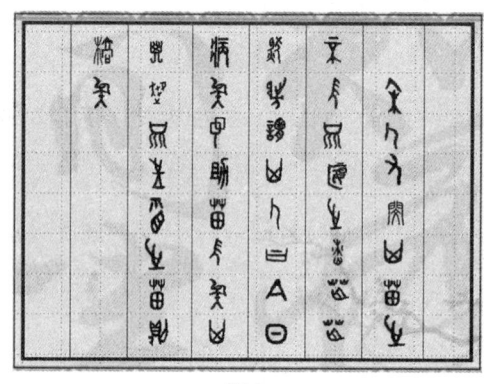

图1

识字猜文

1. 甲骨文版课文内容，识字趣解。

（1）同学们一下子有点懵，对吧？要想全篇读下来可能是有困难的，但静下心来仔细看，你们一定能认识其中一些字。

（2）学生根据自己的经验认识甲骨文，教师依据学生的解说基础进行字形上的趣味分析。

（3）预设学生可能认出的字及相关信息：

（人）：这是一个象形字，就像一个站立的人，在文中出现过几

次？（两次。）就此你可以猜出这可能是一个写什么的故事？（写人的故事。）

⊙（日）：这是一个象形字，字形就像是一轮圆圆的太阳。（对文言有所接触的学生可能会将其和"曰"相混，教师可借助"曰"来进行对照，讲解日为圆形，曰为方形。"曰"上一小横表示动态，也即说话。）

田（苗）：这个字字形就是田地里长出禾苗的样子。"苗"字的古今字形很相像。由此我们还可以猜一猜这个故事里除了人还有什么。

（病）：这个字形并不是甲骨文，而是篆文，基本能看出我们现代楷书的结构了。疒表示一个人躺在床上，"丙"是它的声旁，也含有身体因某种原因而生病的意思。

（长）：这是一个象形字，像一个人头发飘散的样子。头发不停地长（zhǎng），就会变长（cháng）了，所以这个字也有了"长"（cháng）的意思。植物生长就会让自己的枝、叶、茎、蔓变长，道理相同。

（4）过渡：汉字最初就是这样画出来的。后来人们渐渐地将其笔画、结构、大小相对统一，就出现了篆书。（课件出示篆书版课文内容，图2。）看看还能认出几个字来。

图2

2. 篆书版课文内容，尝试认字。

(1) 预设学生可能会认出的字：

🈳（不）、🈳（今），如果涉及 🈳（子）可与 🈳（予）稍做区分。

(2) 过渡：汉字就这样不断地演变着。（课件出示繁体版课文内容，图3。）这一下你是不是认识更多的字了呢？

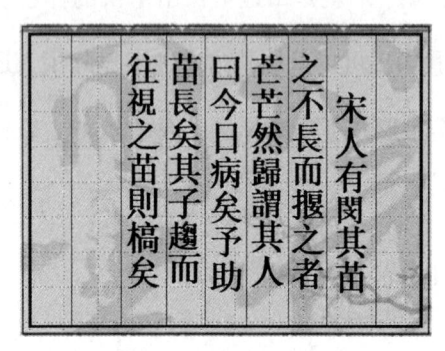

图3

宋人有閔其苗之不長而揠之者芒芒然歸謂其人曰今日病矣予助苗長矣其子趨而往視之苗則槁矣

3. 试读繁体版课文内容。

(1) 到这里我们已经认识好多字了，只是文中还没有标点。不过，我们不妨尝试着将故事读一读。（师指名试读，生不会读的字师给予提示。）

(2) 过渡：你现在能知道这是一个什么故事了吗？（揠苗助长。）

（课件出示简体版本课文内容，图4。）

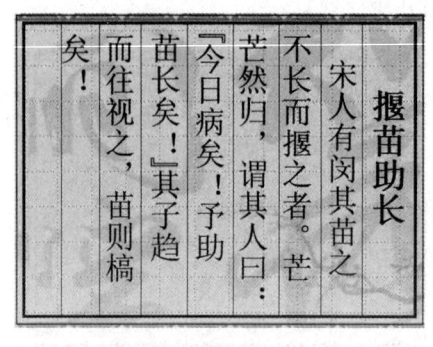

图4

揠苗助长

宋人有闵其苗之不长而揠之者。芒芒然归，谓其人曰："今日病矣！予助苗长矣！"其子趋而往视之，苗则槁矣！

4. 初读简体版本课文内容。

（1）教师将简体版课文内容发给学生。

（2）教师范读，学生听读，对应手中的横排版课文内容注出相关字的读音。

（3）正音。重点字：揠（yà）、闵（mǐn）、谓（wèi）、矣（yǐ）、趋（qū）、槁（gǎo）。

（4）学生练习诵读。

（5）教师指名读，再次正音。

词语理解

1. 请同学们看，材料中除了文言原文之外还有很多资料，你发现它们是什么了吗？（都是讲述《揠苗助长》这个故事。）

2. 课件出示自读要求。阅读《揠苗助长》不同的译注版本，尝试理解原文中词语的意思。

3. 示范：你借助这些译注内容琢磨出了原文中哪个词语的意思，就将意思写在这个词的下面。比如，通过读译注内容，你知道了"揠"就是拔的意思，那就将"拔"写在"揠"的下面。

4. 学生自由阅读，感悟。

5. 交流。

重点词语　揠：拔。　闵：担心，忧虑。　芒芒然：十分疲惫的样子。　谓：对。　病：累坏。（注意与"疾病"进行区别）　槁：枯干。

重点字　趋：快走。（与"走"进行区别。）　走：跑。　趋：因为某个目标朝着某个方向快速地跑。

结合对词语的理解，简单引导学生理解句子。

6. 借用资料，对应说一说每句话的大概意思。

7. 集体诵读全文。

文言感受

1. 其。

(1) 通过这样有趣的猜测认字、尝试阅读环节,我们基本读懂了这篇文言。我们知道了这是一篇关于人的故事,文中有几个"人"字?(有两个"人"字。)两个"人"是指同一个人吗?(宋人:宋国的一个人;其人:他的家人。)

(2) 故事中提到这个"宋人"时,并不一直在说他是"宋人",而是用了一些特别的词代替。你能找出哪个词指的就是这个"宋人"吗?

予(读第二声。):我。指在与人说话过程中对自己的称呼。

其:这是一个可以替代人的词语,相当于现代汉语中的"他"。请你说说下面词语的意思:

其苗(他的禾苗)　其人(他的家人)　其子(他的儿子)

(3) 由此,继续说这个"宋人"。

其妻(他的妻子)　其衣(他的衣服)　其女(他的女儿)　其田(他的田地)……

(4) 请大家记住这个可以作为"他"来用的"其"。

2. 之。

(1) 故事中还有一个重要的事物,就是"苗"。文中也不是一直都用"苗",就像"宋人"由"予""其"来替代一样,它也有一个词来替代,你能找出来吗?("之"。)

(2) 尝试解说下面的词句:

揠之(揠苗)　视之(视苗)

如果用"之"来代替"苗",那么"拔苗"就是"拔之","移苗"就是"移之"。其实这个"之"的本领可大了,就像孙悟空一样可以七十二变,遇到什么就能变成什么。比如,老师从粉笔盒中取粉笔,"取之",

这个"之"就是——（粉笔）老师抚摸一个同学的头，"抚之"，这个"之"就是——（×××）你能试着用"之"练说吗？

学生尝试用上"之"说话。

（3）文中还有一个"之"，它是不是也代指"苗"呢？其实它没有实在的意思，只是帮助连接一下前面的"苗"和后面的"不长"，调整句子节奏。"苗不长"和"苗之不长"在意思上没有区别，但其处于长句中时，就需要"之"调整一下节奏了。对比读"宋人有闵其苗之不长而揠之者""宋人有闵其苗不长而揠之者"。这就是文言的味道。

3. 矣。

（1）这篇文言文中还有一个特别好玩的词，就是"矣"。请你在文中将"矣"圈出来，它一共出现了几次？（三次。）课件出示三个不同颜色的"矣"。老师为何在此给它涂上了三种不同的颜色？（因其语调、内涵、意思的不同。）

（2）请你来读一读带有"矣"的三句话："今日病矣！""予助苗长矣！""苗则槁矣！"

（3）注意语调上的区别。

今日病矣！↘——由此感受到种田人的劳累。

予助苗长矣！↗——体会种田人对于自己劳动成果的自豪感。

苗则槁矣！↘——品味种田人的儿子望着满地枯死的庄稼的失望心情。

（4）这个"矣"是什么意思？（说不出具体的意思。）可我们读的时候是不是感觉很有意思，这就是文言的美妙之处。

（5）课件出示"↘↗↘"。这有点像什么？（心电图。）一个短短的41个字的故事情节如此曲折，让人的情绪起起伏伏。情节曲折的故事就有可能是好故事。但只关注情节、体会人物心情肯定是不够的，我们还得有些思考。如果你就是这种田人的儿子，回家一定有话要对父亲说吧。

（学生自由说感悟，责备、劝慰、讲道理都可以。）

体味诵读

至此，我们已经感受到这 41 个字的奇妙之处了。请将你与大家交流过程中的收获和感悟通过朗读表现出来吧。

教师指名诵读。（逐步加大难度：简体本→繁体本→隶书本→篆书本→甲骨文本）

现在再来看这 41 个字，你们应该感觉更亲切了吧。

改编讲述

刚才我们在阅读过程中，看到了不少版本的小学课本都选了这个故事，也有专家学者去研究这个故事。他们都用了自己不同于其他人的方式来讲述这个故事。你也用自己的方式来讲述这个故事吧！

（下课。）

（此文发表于《小学语文教师》2019 年第 3 期）

解构言说的智慧 欣赏文言的艺术
——《螳螂捕蝉》教学设计

▶▶ 教学内容

螳螂捕蝉

吴王欲伐荆，告其左右曰："敢有谏者，死。"舍人有少孺子者，欲谏不敢，则怀丸操弹，游于后园，露沾其衣，如是者三旦。吴王曰："子来，何苦沾衣如此？"对曰："园中有树，其上有蝉，蝉高居悲鸣饮露，不知螳螂在其后也；螳螂委身曲附欲取蝉，而不知黄雀在其傍也；黄雀延颈欲啄螳螂，而不知弹丸在其下也。此三者皆务欲得其前利，而不顾其后之有患也。"吴王曰："善哉！"乃罢其兵。

——［西汉］刘向《说苑·正谏》

▶▶ 教学目标

1. 让学生正确、流畅地诵读文言故事，欣赏文言语句的表达艺术，感受少孺子的进谏（言语）机智。

2. 让学生理解文言的表达，教师重点指导"其"字在文言中的代指作用。

3. 让学生理解并学会运用"……欲……，而……也"句式。

4. 通过诵读，让学生感受文言的节奏与韵律，热爱祖国的语言文字，并能用自己的话讲述文言故事。

▶ 教学准备

1. 《螳螂捕蝉》文本。

2. 不同版本的《吴王欲伐荆》。

3. 多媒体课件。

▶ 教学过程

课前交流：同学们喜欢读故事吗？喜欢读哪一类故事？（关注喜欢读历史故事的学生，激发其交流阅读感受。）

故事导入故事

1. 导语。

今天我们就来讲讲故事。（课件出示《卧薪尝胆》文本。）这是一个——（历史故事。）我们今天要讲的故事中的主要人物和《卧薪尝胆》这个故事中的人物夫差有关，他是夫差的父亲。（课件出示阖闾图片。）他和夫差一样都是吴王，他的名字确实有点不太好读（师加拼音），读(hé lǘ)。我们先来了解一下阖闾所处的时代背景。

2. 简单交代时代背景。

阖闾所处的时代叫春秋，在《荀子》中，阖闾是春秋五霸之一。阖闾看着其他国家日益强大起来，就有点坐不住啦！他想扩张一下领地，征服其他国家，想来想去，就动了进攻楚国的念头。（课件出示地图，借助地图演示"吴王欲伐荆"。箭头指向楚国，以此来帮助学生理解"荆"之意思。）而在这样一个群雄纷争的时代，扩张领地并非那么简单，你能看出地图上的形势吗？（课件出示潜在的危机，生自行分析。）

▶ 设计理念

深入学习历史故事是需要"历史感"的。从学生熟知的历史故事《卧薪尝胆》引入，就从开头形成了一种"历史感"。但介绍背景，如果只是一味地用文字描述，又会让学生陷入"历史的陌生感"之中，他们的知识积淀和经验都不足以理解这一背景，所以用鲜明生动的地图能够形象而简洁地告知学生故事的背景和当时国与国之间的关系。

明确起因结局

1. 前因。

（1）君主也是人，他肯定也有失策的时候，而君主一旦失策，关联到的可就不是他个人的命运了，所以——（得有人提醒、建议、反对……）

（2）你若是吴王身边的臣子，你会怎么办？（生根据自己的理解进行交流。）

（3）用言语来规劝君主或尊长，使其思考并改正自己的错误就叫"谏"。

（4）教学"谏"字。（课件出示：谏。）这个字不常见，但它的右半边我们经常能见到——束（请柬）。的字形就像是用布包过滤取汁去渣的样子。（师在黑板书写甲骨文"束"。）"束"含有进行高标准的挑选的意味。（请柬——接到请柬说明你是邀请者精挑细选了的客人。）

"谏"既然是对尊长所言，那么言语上必须要精心打磨和提炼。君主的行为涉及国家安危，所以一定要有高标准的要求。君主虽然有判断力和自制力，但终归不会事事精明、时时清醒，所以也需要别人的提醒，这种提醒就叫"—谏"。

进谏者也非同一般，其进谏的方式和内容都是要经过反复推敲的，因为提醒君主可不是一般人做得了的事情，因为——（生自由表达进谏失败的后果：打板子、责罚、坐牢、流放、死罪……）

（5）面对当时吴国出兵战楚有极大后患的形势，执意要进攻的吴王却下了死命令："敢有谏者，死。"（课件出示：敢有谏者，死。）谁能读出王者的霸气？（生读，师评价感悟。）

2. 结局。

（1）你能推想一下故事的结局吗？（无人敢谏、出兵伐楚、大胜、大败……）

（2）出示结局——"善哉!"乃罢其兵。（读出语调。）学生理解"善哉"（好啊）、"罢"（放弃、罢休）。

面对这样的结局，你心中有哪些疑问呢？（生自由质疑：谁进谏成功了？如何劝谏的？"善"在何处？）

过渡：是啊，事情的结果此刻并不重要了，我们更感兴趣的是让吴王产生如此重大转变的过程。

▶▶ 设计理念

阅读文言，不只是为了获取一个简单的解释，或者以翻译成现代汉语去讲述为目的。此篇故事"谏"乃其核。课堂上由"柬"到"谏"的设计，不只是为了让学生完成对形声字的记忆，更多的是为"谏"之内涵做起源性的铺垫，为后面的教与学埋下一个隐形的教学目标：对言语艺术的追求。

品读故事细节

1. 课件出示故事内容。诵读要求：自由试读，读准字音，正确理解句读。

（1）教师指名读。

（2）教师正发音、句读。

（3）学生集体读。

2. 说说初读的收获（生自由发表。）提提初读时产生的不解。

过渡：此次进谏成功得感谢这个故事——

3. 课件出示《螳螂捕蝉》的故事。

园中有树，其上有蝉，蝉高居悲鸣饮露，不知螳螂在其后也；螳螂委身曲附欲取蝉，而不知黄雀在其傍也；黄雀延颈欲啄螳螂，而不知弹丸在其下也。此三者皆务欲得其前利，而不顾其后之有患也。

4. 教师指名读。

5. 学生交流自己读懂了什么。（根据学生的交流，了解学生的认知水平。）

重点理解"延颈、委身曲附"等词语，以及"悲鸣"之"悲"意的选择：①凄厉，悲凉；②悦耳动听；③思念，顾念。

6. 将这段话重新排列一下，你们什么发现呢？

园中有树，其上有蝉，

蝉高居悲鸣饮露，不知螳螂在其后也；

螳螂委身曲附欲取蝉，而不知黄雀在其傍也；

黄雀延颈欲啄螳螂，而不知弹丸在其下也。

此三者皆务欲得其前利，而不顾其后之有患也。

学生自由表达自己的发现，教师进行两种排列方式异与同的引导。

7. 这就是文言特有的节奏美，其实我们读懂中其中的一句，其他句子就迎刃而解了。（根据生的发现，依其次序进行品读。）

（1）品"其"。"园中有树，其上有蝉"中的"其"指的就是——（树）。

课件出示：树。

那么你能按这样的方法找到其他句中的"其"所代指的事物吗？交流后课件出示。

（2）品"也"。这个"也"在文言中常常放在句末，它没有任何意思，但句子有它和没有它却绝对不同，不妨对比着读一读，说说你的感受。课件出示：

蝉高居悲鸣饮露，不知螳螂在其后也。

蝉高居悲鸣饮露，不知螳螂在其后。

学生品读，说说"也"所蕴含的意味。（焦虑、担心、惋惜……）

（3）品"欲……不知……"。阅读要学会发现词语之间的呼应关系，三者皆"不知"的原因是——（欲）点击课件标红"欲、不知"。

练习：试着给"蝉……后也"一句添加"欲"。

蝉高居悲鸣（欲）饮露，不知螳螂在其后也。

8. 学生集体诵读，理解相同的道理用不同的例证来层层推进。

9. 几个相同的句式不断地强化着一种理念，它会激发听的人去自然地思考。那么，面对这样一个语言攻势，聆听故事的吴王会怎样思考呢？

10. 练习：吴王恍然大悟："吾欲（　　　　），而不知（　　　　）。"

▶▶ 设计理念

阅读文言与阅读所有的文本一样，都是有章可循、有法可依的，文言中常常出现这样顶真加排比的句式。本次阅读指导的策略立足两点：一、感受"其"的代指作用；二、理解相同结构的句式，举一反三并运用。对于吴王最后感悟的体验，我采用了文本本身的句式，一举而多得。学生浑然不知其为训练，恰好激发了他们多角度的思考与个性化表达的欲望。

欣赏少年妙策

1. 可见，讲一通道理莫如选择一个故事来说服人。再问：少孺子进谏成功仅仅靠这个故事吗？课件出示：

舍人有少孺子者，欲谏不敢，则怀丸操弹，游于后园，露沾其衣，如是者三旦。吴王曰："子来，何苦沾衣如此？"

2. 教师指名读，让学生理解"舍人"的职责。（古代豪门贵族家里的门客，负有进谏之责。）

3. 感受少孺子的智慧。学生自由交流，要点如下：

（1）"欲谏"——职责所在。

（2）"不敢"——不冒死——公然进谏，非但无法成功，还白白搭上自己的性命。

（3）"怀丸操弹"——道具的选择配合故事的讲述。其实树上有没有上演螳螂捕蝉黄雀在后的故事并不重要。

（4）"游于后园"——地点选择的巧妙——朝堂之上乃进谏之地，容易引起吴王的戒备，后园则是闲适之处，吴王在心理上是放松的。

（5）"如是者三旦"——足够的耐心，等待时机——"三"在文言中并非实指，"旦"指早晨，是相对轻松的时间。反复"上演"旨在引起吴王的注意，诱其进入故事。

（6）"吴王曰"——让吴王先开口——成功避开了主动进谏的套路。

（7）故事的选择——自然界确实存在这样的事实，但对故事进行选择与编辑并为我所用就是一种使用语言的能力——这是"谏"之精髓。

4. 学生自由交流从少孺子进谏方式中收获的经验。（言语技巧、适时适地、审时度势……）

5. 课件出示：

"善哉！"乃罢其兵。

吴王的这句"善哉"有几层赞美意味？（故事、形势……）

我们不由得赞一句：少孺子善（　　）也！（谏）

▶▶ 设计理念

反对文言进入小学语文课堂的人最重要的一个观点是：文言会禁锢人的思想，文体上是呆板而过分标准的单一模式。但通过这样一个教学过程，学生的思维非但没有被禁锢，反而完全被打开了。以"谏"贯串整体，借以体悟少孺子言语的策略与艺术，可以说，这是一节纯粹的语文课。对于文本的阅读不再停留在知其事、解其义的层面，学生进入对语言文字内涵的感悟与运用才是语文课的根本性教学任务。

比照版本通读

1. 教师指名学生以讲故事的方式朗读全文。

2. 这个故事在典籍中多有记载，因此就有了不同的版本。课件出示：

吴王欲伐荆，告其左右曰："敢有谏者，死！"此时，其下有一年少者，自知人微言轻，谏必无用，徒遭横死。惟日怀弹弓，游于后园，露沾其衣，如是者三。吴王问之，对曰："后园有树，上有蝉正饮露，不知螳螂在后欲捕之也！而螳螂作势欲扑，竟不知黄雀蹑其旁也！黄雀伸颈仅顾啄螳螂，而不知树下之弹弓也！彼皆欲得前利而不顾后患也！"吴王听后，甚觉有理，乃不出兵。

学生对照体会不同版本的故事，品味不同的语言风格。

3. 为了现代人方便阅读，于是也有了现代版《螳螂捕蝉》。课件出示文本。

4. 相同的故事可以有不同的演绎方法，选择你自己喜欢的方式向别人讲讲这个故事，也从中学习少年的言语技巧和交际策略。

▶▶▶ 设计理念

故事本身只有一个，而语言却赋予其缤纷的色彩。这就是一个故事值得反复讲、多人讲的原因，也是言语之艺术所在。文言在此不只是一种语言文字的客观存在，也不只是一番注解与资料的堆砌，而是一种思维的方向与方式。汉语的根在文言，说汉语的人应该得其源头而获取丰富的"活水"。所有现代汉语的学习者和运用者都应该知道：有一种文体叫文言。

可亲可近的圣贤

——《论语——孔子的小故事》教学实录

▶▶ 教学内容

阳货欲见孔子

阳货欲见孔子,孔子不见,归孔子豚。孔子时其亡也,而往拜之。遇诸涂。谓孔子曰:"来!予与尔言。"曰:"怀其宝而迷其邦,可谓仁乎?"曰:"不可。""好从事而亟失时,可谓知乎?"曰:"不可。""日月逝矣,岁不我与。"孔子曰:"诺,吾将仕矣。"

——《论语·阳货》

▶▶ 教学实录

师:我们今天到这里来干什么呢?你说,可以拿着话筒说。

生:学习《论(lùn)语》。

师:嗯,有一个字音,你说的不太对。

生:应该是《论(lún)语》。

师:对,它读论(lún)。你们读过《论语》吗?哪怕就读过一句。

生:有朋自远方来,不亦乐乎?

师:这句话最适合对台下的老师们说,来,一起。

生:有朋自远方来,不亦乐乎?(台下响起掌声。)

师:你看,就这么一句话,不仅赢得了大家的掌声,还与老师们联络了感情，这是我们中国人才懂的。我们再一起来说——

生（齐）：有朋自远方来，不亦乐乎？

师：其实前面还有一句。

生：学而时习之，不亦说乎？

师：后面还有一句。

生：人不知而不愠，不亦君子乎？

师：这是论语的首篇，大多数中国人都知道。你觉得《论语》是一本怎样的书啊？

生：是关于孔子的书，包含着许多道理和哲理。

师：你抓住了一个重要信息，说到《论语》，那它肯定跟一个人有关。

生：孔子老先生。

师：还加一个"老先生"。关于孔子，你知道些什么？

生：孔子是一位教师。

师：嗯！万世之表。

生：孔子还是一位教育家。

师：教育家，就不是普通的教师了。

生：他还是一位伟大的思想家。

师：思想家，他的思想对我们中国的影响太深远了。

生：我知道孔子喜欢吃什么。

师：哦？！

生：孔子喜欢吃乳猪肉。

师：是吗？你说说你是怎么知道的。

生：我看过关于他的一个故事。有一个大户人家的管家，他想见孔子，孔子不见，然后他就带着乳猪肉给孔子。

师：看来大家对孔子不只是有所耳闻。看——这是关于孔子的资料。

你们从中提取到了哪些信息?

生：孔子叫孔丘，姓孔名丘，字仲尼，排行老二。

生2：他是鲁国人，鲁国就是现在的山东。

生3：他是思想家、教育家，儒家学派的创始人。

师：我们可以用一些关键词来说说孔子，我先说一个。他特别注重礼仪，他最看不惯的就是当时礼乐崩溃的情境，所以他要教化别人懂礼。（板书：礼。）这样的关键词，你还知道有哪些吗?

生：我还知道孔子提倡"仁"。

师：你太棒了！掌声送给他。请坐。儒家的核心理念就是"仁"。（板书：仁。）

生1：还有"德"。

生2：还有"性"，人之初，性本善。

生3：还有"善"。

师：真好。你们虽然没读过《论语》中更多的篇章，但是生活当中已经耳濡目染了很多很多孔子给我们留下的智慧。我再加上一个，把它也包含在其中。（板书：智。）再来看孔子的生卒年，他出生于公元前551年，公元前479年去世。几千年过去了，好遥远哪。但是你们觉得他离我们遥远吗?

生：不遥远。

师：为什么?

生：因为他就在我们身边。从他写的这部《论语》中就能感受到他的本性和他的思想。

师：说到思想家、教育家，好像都是板着脸孔的，但孔子这个人啊，不仅爱吃乳猪肉，还很"任性"哦。我来考考你们，你们学过文言吗?

生：没有。

师：真的啊，那我们来试试。（课件出示文言。）

生：孺悲欲见孔子，孔子辞以疾。将命者出户，取瑟而歌，使之闻之。

师：不错，掌声送给他！第一次读文言，一字不错，太棒啦。我看出了五（4）班同学们的文化底蕴。光认字肯定不行，你看懂了什么呢？你来。

生：应该就是一个人，他很悲伤，想要见孔子，然后孔子推辞了，以病的名义。然后一个人出门拿琴弹，让那个人听。

师：不错啊。那么孔子究竟见没见那个人？

生：没见。

师：从哪里看出没见？

生：辞以疾。

师：哦，辞，就说明推辞了，我不想见你了。你看你从来没读过文言，就能理解个大概。周老师提醒你一个地方，这个"孺悲"是一个人名，现在再讲一下。

生：孺悲想要见孔子，然后孔子以生病的为由推辞。叫一个人出门，弹琴，然后让他听。

师：掌声送给他，请坐。他对文字很敏感。我特别欣赏他对"辞以疾"的翻译，他说以生病为由推辞，准确地说出了孔子的安排。哎，不见就不见呗，他还做了什么事情呢？

生：他还让自己手下的人弹琴给孺悲听。

师：不是手下的人，是他自己弹哦。你觉得他是在干什么呢？

生：他就是为了让孺悲知道，他生病了。

师：为了让孺悲知道他生病了，孔子是抚琴而病吗？你们要有一点小心思，孔子为什么弹琴呢？

生：让孺悲知道他在家里，但他就是不想见他。

师：声音响一点再说一遍。

生：让孺悲知道他在家里，然后他就是不想见孺悲。

师：孔子有没有病？

生：没病。

师：但是孔子派人告诉孺悲他——

生：有病。

师：目的是什么？

生：不想见。

师：他就是不想见孺悲。你看，这个孔子——

生：真好玩。

师：说说怎么个好玩法。

生：就是让人家知道他在家，也没病，却又不见人家。

师：有点小"坏"，是吧？孔子这个人有没有个性啊？

生：有。

师：所以孺悲这个人，可能孔子——

生：孔子不喜欢。

师：你来了，"我"没病也不想见你，你下次就——

生：不要再来了。

师：为什么这么多人想见孔子呢？

生1：有的是来求学的。

生2：有人应该想当官，就想求孔子帮忙。

师：哦，因为孔子是懂得入世之道的。好，有的高官甚至国君也想见他哦。

生：我觉得国君想问孔子知识，让孔子教他治国之道。

师（点击课件出示资料）：有这么一个人，叫阳货，又叫阳虎，是季氏的家臣。季氏是什么人呢？季氏几世都把持着鲁国的朝政，是鲁国最有权力的三家之一，阳货就是季氏家臣中最有权势的人。这样绕着绕着，你们发现了吗，鲁国的权力就在谁的手里啦？

生：阳货。

师：鲁国国君听季氏的，而季氏听阳货的，这个阳货虽然是个家臣，但是，他当时拥有的权力可不得了，他野心越来越大，越来越膨胀。一开始是想掌控季氏，后来就想掌控鲁国。他也知道，要办事儿得有人帮忙，要有人帮忙，就得找得力的人。你们猜猜他想做一件什么事情。你说。

生：他想请孔子来帮助他，霸占鲁国。

师：那如果让你写这个故事的话，开头第一句你想怎么写？

生：阳货……

师：他要做的第一件事情是什么？

生：能用现代文讲吗？

师：可以。

生：好。阳货找我，我不理他。

师：哦哈哈，你俨然是孔子了。好，那把"我"改成孔子。

生：阳货找孔子，孔子不理他。

师：好，坐下，故事就这样开始了。我们来看，今天这个故事就叫《阳货欲见孔子》。第一句被你说了个差不离——

生：阳货想见孔子。

师：你们说孔子见不见？

生：不见。

师：见不见？

生：不见！

师：为什么？

生：因为阳货太有野心。

师：哦。

生：因为阳货是个小人。

师：说到品行上了。刚才是从他的行为上来评价他，现在评价到品行上了。

生：我认为阳货是一个野心非常大的人。孔子则是一个哲学家，他是很懂礼仪的，不会同这种人同流合污。（掌声响起。）

师：读一下这句话，干脆一点。

生：阳货欲见孔子，孔子不见。

师：孔子——

生（声音很干脆）：不见！

师："阳货欲见孔子，孔子不见。"难道不见就不见啦？他可是那种权倾鲁国的家臣啊。阳货心说：你以为我是孺悲，说不见就不见？！

生：我觉得，那个阳货肯定会威逼利诱、软磨硬泡。（掌声响起。）

师：大家学一遍这两个成语。

生：威逼利诱、软磨硬泡。

师：这叫功夫。我想见你，我有权可以用，我还可以软磨硬泡，你说说他怎么个泡法、怎么个磨法。

生（前面说孔子喜欢吃乳猪肉的）：我看过这个故事就是……就是这个阳货……

师：你看，印象不深，不过现在对上号了，继续——

生：阳货知道孔子喜欢吃乳猪肉，然后，他就决定送乳猪肉给孔子。

师：我们看看他说得对不对。（课件出示。）

生：归孔子豚。

师：这是什么东西？

生：肉。

师：什么肉？

生：猪肉。

师：从哪里看出来是猪肉？

生：豚。

师：豚，海豚？怎么看出来它就是猪肉呢。有人看出来吗？有人从这个字里面看到猪了吗？你说。

生：我看到了右边的"zhú"。

师：那个字念"zhú"？

生：那个字应该是"豕突"的"豕（shǐ）"。

师：对啦，有一个成语叫狼奔豕突。豕就是——

生：猪肉。

师：是猪，不是猪肉。猪有猪爸爸、猪妈妈，还有猪宝宝。小猪就叫——

生：豚。

师：对。你看，阳货想见孔子，所以对孔子是有研究的。如果仅仅知道送个烤乳猪，那阳货就不是阳货了，他还知道孔子一直是有礼数的。（课件上圈出"礼"字。）那你们知道按照中国人的礼节，我送你烤乳猪你应该怎么做吗？

生1：我觉得如果按照礼数的话应该施以援助。

生2：收了礼应该要还。

师：正所谓礼尚往来。还礼的时候——

生1：就见到人了。

生2：这阳货真阴。

师：哈哈，是啊！阳货送过来的烤乳猪孔子可以不吃，可以放在家里面烂掉，可以挂在门上让别人看着它烂掉。但是有一件事情，孔子必须要做。就是——

生1：必须要还礼。

生2：如果不还礼就是不懂礼貌的人。

师：如果还礼——

生：就得见人。

师：如果你是孔子，你要怎么办？

生：派我的学徒去给他还礼，应付应付他。

师：三千弟子呢，随便安排一个去还礼，这个主意不错，可人家阳货是亲自送来的哦。孔子本身的地位就没阳货高，他弟子的身份更低，在古代礼尚往来不仅看礼物，送礼人的身份也很重要。

生1：我觉得，他就闭门不见，先拖着。

生2：嗯，我认为孔子也可以跟阳货一样，选择阳货也不在家的时候硬塞过去。

师：你叫什么名字？我一定要知道。

生：丁羿辉。后羿的羿，光辉的辉。

师：哎哟，有英雄、有光辉，太棒了！你跟孔子所见相同啊。（课件出示。）就你来读。

生：孔子时其亡也，往而拜之。

师：他的主意和你的一样吗，是不是一样的？

生：差不多吧。

师：说说看，怎么个差不多。

生：拜了阳货。

师：这句话里面有没有"阳货"两个字。

生："其"，"时其亡"就是乘阳货不在家的意思。

师：你还知道"亡"就是"不在"的意思，太棒了！还有哪个字也是指阳货的？

生：我认为"之"也是指阳货。

师："拜之"就是拜——

生：阳货。

师：太棒了，坐下。这句话里面的"之""其"就是指阳货。文言里面的"之""其"可以替代任何一种事物。关于这句话老师要补充一点："亡"在这个地方读"wú"，和"无"同音、同义。再纠正一点："时"这个字在这里指"伺"，就是观察、侦察、侦候的意思。这句话现在是不是更讲得通了呢？

生：孔子也是观察到阳货不在家，去拜访阳货，把这个礼给硬塞回去了。

师：不是硬塞，是把这个礼给还回去。跟老师读一遍，"孔子时其亡也，往而拜之"。好了，这个事情解决了吗？

生：解决了。

师：嘻嘻，远没这么简单，有一句话叫作冤家路窄。孔子好不容易想出这"时其亡"这一招来，心想：我既有了礼数，又没有见这个不想见的人。可是冤家路窄，孔子刚想回来——（课件出示：遇诸涂。）"糊涂"的"涂"在这个地方和哪个字意思是一样的？

生："路途"的"途"。

师：那就是在哪里遇到了？

生：在回家的路上。

师：命运就这么跟你开了个玩笑，还非得让你见。哎哟，这阳货想——

生1：哈哈哈哈哈，终于逮着你了！

生2：阳货想：终于跟你说上话了。

师：阳货说了什么？你说。

生1：怎么统治鲁国呢？

生2：叫孔子：你过来我跟你说。

师：阳货也是有水平、有心机的人。他是这么说的（课件出示）：" '怀其宝而迷其邦，可谓仁乎？'曰：'不可。''好从事而亟失时，可谓知乎？'曰：'不可。''日月逝矣，岁不我与。'"听明白了吗？

生：没有。

师：大家当然可以不明白。阳货一口气哗啦啦说这么多。你们来读一读，还可以跟着我再读一遍。

（生集体跟读一遍。）

师：你们听不明白，但是感觉到了一种什么样的气氛？

生1：像是在教训人。

生2：质问。

师：那我换一种读法——"'怀其宝而迷其邦，可谓仁乎？'曰：'不可。''好从事而亟失时，可谓知乎？'曰：'不可。''日月逝矣，岁不我与。'"我也可以这样读。你们感觉到什么了？

生：我感觉暗含杀气。

师：大家好好练习一下。

（生集体练读，师指名读。）

生："怀其宝而迷其邦，可谓仁乎？"曰："不可。"

师：有阳货那种身份、那种气势了，继续。

生："怀其宝而迷其邦，可谓仁乎？"

师："可谓仁乎——"

生：曰："不可。"

生："好从事而——"

师：亟，读"qì"，指"屡次，多次"的意思。

生："好从事而亟失时，可谓知（zhī）乎？"曰："不可。"

师：很好。有一个字读错了，不怪你，怪它。（在"知"下板书"日"。）这个地方的"知"就是"智"。

生："好从事而亟失时，可谓知（zhì）乎？"曰："不可。"

师：很好，我们先把字音解决了。最后一句——

生：“日月逝矣，岁不我与。”

师：好。"怀其宝而迷其邦，可谓仁乎？"你们知道阳货的这番话是针对孔子说的，他利用了孔子对"礼"的理解，体现在哪个字上？

生：仁。

师（课件出示甲骨文"仁"的字形）：在甲骨文里面，"仁"有"二人"之解释。那这个"二人"是哪二人呢？

生：你和我。

师：对。仁就是自我和他人相处所要遵守的一种规则。这里面有丰富的内涵，我们日后再去研究。"怀其宝而迷其邦，可谓仁乎？"他就是在说孔子不仁哪。"不仁"就是指孔子只想着自己，不想着别人。春秋时期很混乱啊，每个国家都一片混乱，孔子有没有"宝"？有什么"宝"？

生1：智慧。

生2：他还有知识，懂得战略。

师：有知识、懂战略，却不出来为国家效力，你可谓——

生：不仁。

师："可谓仁乎？"曰："不可。"也就是说——

生：你不仁。

师：那么第二句话紧扣哪个字？

生：知。

师（课件上"知"标红）：这个"知"即——

生：聪明，就是智慧。

师："好从事"就是——

生：孔子喜欢做事。

师："好从事"，又不出来做事。"亟失时"就是我阳货多次给你机会，你把这机会都给放弃了，你说你聪明吗？

生：不聪明。

师：对，这"不可"就是否定的意思。阳货这个人太会说话，他知道在"训训训"后还要安抚一下孔子，于是语调就变了——

生："日月逝矣，岁不我与。"

师：什么意思？

生：我自认为应该是，日月慢慢地流失了，"岁"应该不是年龄的意思吧。

师："岁"和前面的"日月"是一个意思。

生：岁月！时间不会等我。

师：你看，一合作就会很精彩！这个"岁不我与"就是"岁不与我"，也就是时间不会等的意思。哈哈，你一次不出来、两次不出来，等着等着——

生：你就老了。

师：等你老了，想做也——

生：做不动了。

师：关于这段话有两种说法：一种说法认为这是在一问一答；还有一种说法认为这是阳货在自问自答，因为孔子在这个时候是懒得理他的。你们更愿意相信这是孔子的回答还是阳货自说自话？

生：阳货自说自话。

师：周老师也这么认为，因为后面孔子说话的时候就加了个"孔子曰"（课件中"曰"字标红），所以"诺，吾将仕矣"才是孔子说的。我们来看孔子最后说的这句话是什么意思。

生：他不出来做事。因为我觉得孔子不想帮助一个小人做事。

师：可是这个时候阳货要逼着他呀，你不仁，你不智，你马上就老了，你还不出来？你不答应，我就不让你走！读一下。

生："诺，吾将仕矣。"

师：出不出来做事？

生：不出来。

师：就是不出来。哪个字告诉你孔子不出来做事？

生："仕矣"告诉我孔子不出来做事。

师：孩子呀，"仕"正是出来做官的意思。

生：将！"吾将"就是我会出来的，但不是现在的意思。

师：这个"将"智慧不智慧？智慧在哪里？这跟孺悲来求见他，他却弹琴的情况有点像啊。我答应你我会出来做事的，但不是现在。好，现在我们把这个故事讲完了。谁来从头读一读？今天读书不仅有奖励，还有惊喜。惊喜老师会慢慢亮出来，我也有点小聪明的。

（生练读。）

师：给女生一个机会。

（女生读。）

师：有勇气超过她的来读一读。

（生读。）

师：给这位同学掌声！一字不错。这位同学，你将得到我的奖励，奖品（书）是你的。

师：故事读到这儿，孔子在你心中的形象——

生1：孔子的形象在我心中已经有了改变。

生2：他在我心中再也不是那种正襟危坐的形象了。

生3：孔子很好玩儿。

生4：阳货也蛮好玩儿的。

师：每个人都有自己的见解。其实读经典还要有联想能力。中国人特别喜欢玩"三"，你看阳货对孔子连发三劝；课本里面有《三顾茅庐》一文。你可以比较刘备对孔明的礼数和阳货对孔子的礼数，想一想为何阳货不成功，刘备成功了。再比较一个（课件出示：《狼和小羊》），狼找了几次茬？（三次茬。）他那个水平跟阳货比起来——

生：差远了。

师：所以呀，阳货这个人虽然人品不怎么样，但我们可以跟他学一学——

生1：说话的方法。

生2：语言的技巧。

师：今天这节课我们一起走进了《论语》，了解了有关孔子的这么一个小小的故事。其实孔子对礼、仁的阐述，以及他教育方法中包含的智慧，那叫一个深，那叫一个远。现在你们有信心去读《论语》了吗？

生：有！

（下课。）

中国最早的诗歌：弹歌
——点评高子阳老师教学实录

执教：高子阳

点评：周晓霞

▶▶ 教学实录

课前谈话，渐入主题

师：有句话大家肯定听过，"讨人喜欢，让人百看不厌"。请大家仔细想一想，哪些人、物或者事"讨你喜欢，百看不厌"？想一想再说，不急。

（生思考中。）

生：妈妈。

（全体生笑。）

师：我和大家一样也喜欢母亲。大家还有这样"讨厌"的对象吗？

生：书。

师：此处应该有掌声！

（生鼓掌。）

师：你肯定是一位爱读书的学生，肯定每一天都读书，所以你才会有这样的答案。

生：她是我们班读书最多的。

师：书应该是你们百看不厌的事物。

生：蓝天。我每天都看天，特别喜欢蓝天。妈妈说我们现在看到的蓝天比她小时候看到的少多了。

师：你太有智慧了！太会说了！蓝天的确讨人喜欢，百看不厌。

生：电视。我特别喜欢看电视剧、动画片。

师：诱人的动画片是大家的最爱，所以讨你们喜欢，百看不厌。

生：电脑游戏。

师：你喜欢看电脑游戏？

生：是玩不是看。

师：你玩的时候眼睛肯定也在看，"看"和"玩"是一起的。你这叫"面对讨人喜欢的一个个游戏，百玩不厌"，不过沉迷于游戏有可能会影响你的生活和学习。学习累了，可以玩一玩，但如果脑子里时刻想着游戏，把作业都忘了，那就糟糕了！

生（一位男生喊道）：花，鲜花，我非常喜欢！

师：有人送你花吗？

生：没有。

师：你送给谁花了？

生：妈妈。

师：送人鲜花，手有余香。春天来了，百花盛开。大自然中许多东西是讨人喜欢，百看不厌的。喜欢的东西百看不厌、百玩不厌。大家喜欢背诵古诗吗？

生：喜欢——

师：你们好厉害哟！看来诗歌是讨大家喜欢、百背不厌的东西！请大家想一想，你背诵的第一首诗是哪一首？是几岁时背的？谁教你背的？

生：我背诵的第一首诗是《春晓》，三岁时背的，是妈妈教我背的。

师：大家一起来背《春晓》。

（生齐背：春眠不觉晓……）

师：你三岁时就会背诵《春晓》了，了不起！这说明你的妈妈会用诗教育你，你应该感谢你亲爱的妈妈。

生：我背诵的第一首诗是《鹅》，四岁时背的，是奶奶教的。

（生齐背：鹅，鹅，鹅……）

师：由你四岁时奶奶教你背诵这首诗，我想到了你的爸爸妈妈肯定很忙，你肯定是爷爷奶奶带大的。

（生点点头。）

师：那你一定要好好孝顺两位老人，他们除了管你吃喝，还用最好的诗教育你。

生：我背诵的第一首诗是《悯农》，是我四岁时跟着点读机学会的。

师：你可以给点读机做广告了。我很佩服你，你四岁时就有了自学能力，不得了。

…… ……

师：还有一些同学没有举手。这是很正常的，人人都会遗忘，想不起来也没有关系。古诗是一块传世奇宝，被一代又一代人喜欢，永远是讨人喜欢，百读不厌的。

▶▶ 点评

老师们课前聊天的风格可谓多如繁花，有以趣激情的，有先声夺人的，有造境入题的，有幽默进文的。高老师则以一句俗语"讨人喜欢，百看不厌"直接调动了学生们的情感经验。这样一个门槛极低的入口，却有着丰富的信息量纳入，来自不同家庭、不同性格特征的学生的情感闸门一下子被打开：人物、事物、活动、作品……纷至沓来。从表层看来，这只是指向本节课主题的引导，实际上还是本节课思维训练的预热。

学习文言就需要这样的"打开",整个生活、情感的介入性"打开",这不只是为了激发学生的学习兴趣。高老师的适时点评让交流的过程成为语文学习和情感表达有机渗透与整合的过程。这节课有这样的起始就奠定了敞亮而愉悦的学习基调。

导入课题,逐步认识中国最早的诗歌

师:我再问大家一个问题。我们每个人的大脑中都储存了很多首古诗,你知道中国最早的,也可以说是第一首诗歌是哪一首吗?不知道的请举手。

(全体生举手。)

师:不知道没有关系。毕竟距离现在那么远了,不知道的人太多了。不信问一问下面听课的老师。现场有500多位老师,我们来测试一下,哪位老师知道中国最早的诗歌是哪一首?

(生转头,台下没有一位老师举手。)

师:亲爱的同学们,我们很多老师也不知道,其实我也是2015年才知道的。这是一首怎样的诗歌?请看大屏幕——

课件出示

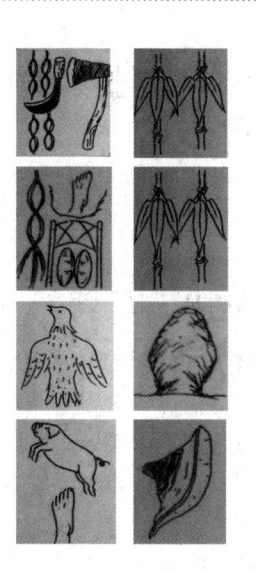

(生惊讶。)

师：这就是中国第一首诗歌，图上的内容叫图画字。我们的祖先最早就这样画诗歌的。同学们仔细看看，这首诗歌有几句，有几个字？你认识几个？

生：有四句，八个字。

师：非常正确。

生：我认识第三行第一个字，是"鸟"字。

师：你的眼睛很厉害，大家同意这是"鸟"字吗？

生（齐）：同意。

师（边板书"鸟"边说）：是不是"鸟"字，我先写在这儿，等会你们就知道了。

生：我看到第三行第二个字，是"石头"。

师："石头"是两个字呀。

生：石！

师：你们两人的答案合在一起就是"鸟石"（板书："鸟石"），古人要是这么想，那可真够奇怪的。

(生笑。)

生：第一句、第二句的第二个字是一样的，是"竹子"。

师：怎么又说两个字了？

生：竹。

(师板书："竹"。)

生：第四句用脚踢猪的画是"赶"字。

师：据我所知，赶猪多用手拿着东西赶，用脚踢猪看来不可能是"赶"。

生：这画中有脚，脚可以用来走路，猪跟着人一起走路，我想这应该是"逐"字。

师：你太会想，挺合理的。（板书："逐"。）

生：第一句的第一个字，画里有刀、有斧头，我觉得是"砍"字。

（师板书："砍"。）

生：第四句的第二个字是"帽"，因为图画看上去像帽子。

师（边板书"帽"边说）："逐帽"，有意思，可能是帽子被风吹走了，人赶紧去追。同学们还有认识的字吗？

（生摇头。）

师：你们能想到这么多已经很了不起了。据考证，这样的图画字用了几千年，后来有了甲骨文、金文，这首诗就变成了这个样子——

| 课件出示 |

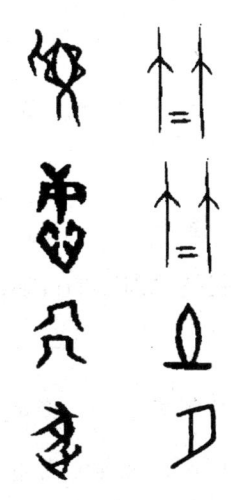

（生发出惊叹之声。）

生（自言自语）：怎么比前面的图画字更难认识了，好像一个也不认识。

师：如果你是甲骨文、金文的研究专家，你就认识了。刚刚你们说的"鸟"字还像鸟吗？"石"还像石吗？"竹"还像竹吗？"逐"还像逐吗？"帽"还像帽吗？

（生迷惑。）

师：秦始皇统一了中国，他做了一件非常了不起的事——将文字统一为小篆。我们继续看这首诗——

▷ 课件出示

斷竹，續竹；飛土，逐肉。

生1：那是"土"。

生2：最后一个字是"月"。

生3：第五个字是"飞"。

生4：第二、四个字明明是"竹"，怎么像"林"了？

师：那我们就赶紧看看这首诗歌的楷书版本。

▷ 课件出示

断竹，续竹；飞土，逐宍。

师：同学们一起读。

生：断竹，续竹；飞土，逐——

师：这个字念"ròu"，就是"肉"的古字，这里指飞禽走兽。

▶▶ 点评

纵观这一环节，高老师带领着学生"穿越"了几千年！高老师让学生在最远古的年代停留最长时间，为何？因为学生可以直观地对祖先最原初的表达进行理解。学生猜字的过程绝不亚于仓颉造字的过程：学生对照自然的形态寻找相似的表象。象形字的"竹"是最容易确认的，学生一下子就与几千年前的文字连通了起来。我们通过学生对"逐"字的猜测过程就可见会意字的形成过程，有猪在前，有足在后，学生认定用脚踢猪是"赶"，经过高老师的点拨之后，学生重新思考：猪即豖，足为走，组合而为"逐"。学生对一些字判断有误，高老师并不直接指明错误，而是允许学生跟着字一起"生长"。至于学生对字相去较远的猜测，高老师并没有太多的解释，而是一步一步地引导，让学生自由体会和评价。本环节的教学目的不只是让学生认字，更多的是读字——读懂这些字的意象起源，读懂这些字的生成规则，读懂这些来自远古的神奇画面。

朗读、诵读，学点吟诵

师：请同学们读一下这首诗歌。

生：断竹/续竹//飞土/逐宍。

师：这种朗读方式可以。我们还可以变一变，有点节奏感。

生：断/竹//续/竹//飞/土//逐/宍。

师：有味道了，的确有节奏感了。同学们能不能这样读呢？

▎课件出示

断竹——，续竹——；飞土——，逐宍——

（生齐读。）

师：同学们有什么感觉？

生：最后一句读起来感觉不太舒服，有点累。

师：这种发现非常好。"宍"是四声，声音延长不自然。既然声音延长不自然，读起来又感觉到累，我们就不要拖长。同学们把最后一个字读短，再来一遍。

生：断竹——，续竹——；飞土——，逐宍。

师：其实这首诗还可以这样读。

（课件出示：断竹——，续竹——；飞——土，逐——宍。）

师：下面我们练一练，记住读"竹、飞、逐"这三个字时，你们要无限地延长声音，我让你们换气，你们就换。

生：断竹——

（生读"竹"字读到实在发不出来声。）

师：换气接着读。

生：续竹——

师：继续延长，别停下。

生：竹——

师：换气读。

生：飞——

师：飞起来，飞起来。

生：飞——土。

师：接着读。

生：逐——

师：受伤的野兽正往前跑，同学们赶紧追，用力把"逐"字读长一点。

生：逐——

师：追到了。

生：宍！

师：美不美？好玩不好玩？

生：太好玩了！

师：就用这种方式，我们一起来玩。

（生开心地读着，声音拖得长长的，个个都像音乐家。）

师：还想读吗？

生：想！

师：那就再读一遍。

（生齐读。）

师：同学们会背了吗？

（生背，声音越来越响亮，非常有穿透力。）

师：亲爱的同学们！你们个个是音乐家，诗歌就要这样读，所有的古诗词都能这样读。大家都会背《登鹳雀楼》，请大家以这种方式读一读《登鹳雀楼》。

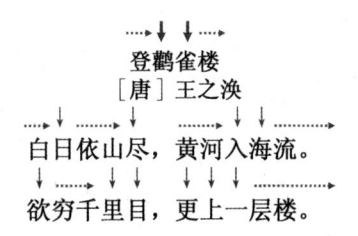

↓ ↓
登鹳雀楼
[唐] 王之涣
↓   ↓   ↓   ↓
白日依山尽，黄河入海流。
↓   ↓   ↓   ↓
欲穷千里目，更上一层楼。

（生读。台下老师长时间鼓掌。）

师：好不好玩？这就是吟诵。一、二声读长，三、四声读短一点。今天你们掌握这一吟诵方法就可以读任何诗了。这种方法有一个好处：慢慢地读，声音的延长会让我们的大脑没有时间去想别的事物，整个人都会在诗里，读着想着，诗就会走进你的心里，你也就理解了。

▶▶ 点评

读书读到"脑缺氧"。"你们要无限地延长声音，我让你们换气，你们就换。"有这么指导朗读的吗？这样的指导对吗？且看学生们的表现：他们在课堂上真的让自己"飞"到"脑缺氧"，真的让自己"逐"到精疲力竭，"土""肉"读得短促，干脆利落。这不正是远古野外狩猎之场景的再现吗？这不正是一种"穿越"体验吗？学生们乐此不疲。高老师在课堂上指挥着整场"狩猎"——这首最为古老的诗歌的吟诵。这样的指导是有一个基础的，也即汉字发音的特点：平长仄短。这一简单到学生一分钟就能学会的吟诵技巧，通过学生吟诵《登鹳雀楼》，它的效果一下子显现出来了。这样的吟诵方式让学生忘记了学习本身，完全进入了"穿越时空"的游戏之中。

理解诗意

师：这八个字构成了一首诗歌，不复杂。你能说说每一句是什么意思吗?

生:"断竹"就是用斧头把竹子砍断的意思。

师:谁用斧头把竹子砍断?

生:古人用斧头把竹子砍断。

师:接着说。

生:"续竹"就是竹子继续长出来了的意思。

师:你的意思是春天来了,被砍断的竹子继续长出来了?

生:是。

师:你的想法真的不一般。请同学们记下她的解释。大家继续说。

生:"飞土"就是大风刮起,尘飞飞扬的意思。

师:这两个字让你看到了远古时候狂风吹起尘土的样子。你的想象力不一般。继续说。

生:"逐宍"就是飞禽走兽乱飞乱跑,人们把它们赶走的意思。

师:你的意思是这些家伙影响了古人的生活,所以古人要把它们赶跑。

生:是。

师:同学们真厉害,太会思考了。请把你们刚才所说的连起来。

生:古人用斧头把竹子砍断,春天来了新的竹子又长出来。风把尘土刮得到处都是,飞禽走兽到处乱跑,人们把它们赶走。

(生与听课教师自动鼓起掌来。)

师:这首诗歌距离现在已有6000多年了,诗人是谁,现在考证不出来,古人真的就用这八个字记录这样一件事?你们对自己的解释有怀疑吗?

(生都陷入了思考。)

师:这首诗歌一直到清朝才有了题目。你们想知道这个题目是什么吗?

生：想！

师：乾隆年间，苏州有位大学者叫沈德潜，他首次将这首诗歌名定为《弹歌》。这是我国现存最早的诗歌。《弹歌》的"弹"有的同学读"tán"，有的同学读"dàn"。到底读什么呢？我们一起来看看每一句诗的相关图片与意思。

课件出示

断竹：去野竹林里砍伐竹子。一群围裹着树叶、兽皮的原始先民在茂密的竹林里手拿骨刀、在砍伐竹子，然后挑回住处。

续竹：续，连接。用野藤之类的韧性植物连接竹片两端，制成弹弓。

飞土：在制作的弹弓上装上土丸，进行射击。

逐宍：打中了！一起追捕受伤的鸟兽，并将其运回家煮着吃、烤着吃。

师：你们觉得"弹"的正确读音是——

生：读"dàn"。

师：真棒！这首诗歌就是一首弓弹制作发明之歌。这首诗歌写了先人制作弓弹，用以射杀飞禽走兽的过程。这里记录着先人的创造，记录着先人的生活。

▶▶ 点评

与祖先对话要的不是"热闹"。几番诵读过后的静思才是真正交流的开始。允许学生望文生义，允许误解的存在，这体现了高老师的课堂上师生平等的理念，也体现了高老师对学生成长的信任。他坚定地相信在这样的对话中学生会不断地生疑，生疑自当解疑，答案不是最重要的，求解的过程才是真正的语文学习过程。高老师从诗题中"弹"字的读音入手，考证远古壁画，实现了诗歌意境的再现。在学生们进行天马行空的想象之后，高老师教给了他们科学的思维方法和正确的阅读对话策略。这使得短短的八字诗歌不只有了历史的沧桑感，更有了传承汉语言文化的使命感。这是语文教学叶与根的对话，是一种追寻、一种溯源、一种汲取、一种生长。相信这样的过程将在学生日后的文言阅读中不断重演、不断升华，这也就实现了高老师此堂课的教学大目标了。

创作探索与梦想设置

师：我们来研究一下这首诗为什么会流传到现在，魅力在哪里。

生：这是先人创造出来的。

师：你再说三遍，重要的事情要说三遍。同学们听准了。

（生说三遍。其他同学与听课教师都笑了。）

师：听明白了吗？他说的这句话告诉我们什么？

生：告诉我们这首诗歌是先人创造出来的。

师：关键词是——

生：创造。

师：是的，这首诗歌是先人创造的，不是抄袭的，是先人的原创作品。原创的力量无穷。除此之外，还有什么原因？

（生思考。）

生：这首诗歌记录了先人的生活、先人的发明创造。

师：同学们给她点掌声。

（掌声响起。）

师：每一句诗中都有创造。我们一起来看一看每一句诗中藏着哪些发明创造。我们一起看"断竹"，这里藏着什么样的发明创造？用手直接把竹子扳弯折断了算不算创造？

生：不算！

师：怎样才是创造？

生：用工具把竹子弄断了才是创造。

师：你说得非常好。世界上谁会制作和使用工具？

生：人。

师：人与动物的区别就是人会制作和使用工具。人制作工具就是在发明创造。"断竹"这一句说明先人已经发明了骨刀，制作了石斧，并能用它们把竹子砍断。那其他三句诗中有哪些发明创造？

生：从"续竹"中可以看出先人发明了弓箭。

师：先人非常了不起，还发明了弓箭，他们的生活从此也发生了改变。

生1：他们有更多的飞禽走兽可以吃了。

生2：从"飞土"中可以看出先人会制作子弹了。

生3：先人把飞禽走兽打回家，高兴万分。

师：你觉得先人会生吃这些动物吗？

生：肯定不会。

师：我们从诗歌的最后一句中看出先人已经开始使用火了，没有火，动物的肉就没有办法做熟。同学们真的非常厉害。这首诗歌的每一句都记录了先人的发明创造，这也是这首诗歌的魅力所在。古希腊人说："诗人就是创造者。"诗歌本身就是人类伟大的创造，诗歌里面又记录着无数的发明创造。看到这些发明创造，你们想不想将这首诗歌重新写一写，创作出新的内容来？

生：想。

师：其实这四句诗歌，每一句都可以作为一篇文章的题目，都可以写成一篇很长的文章，你们相信吗？

生：真的吗？

师：比如以"断竹"为题写一篇文章，我们肯定要想——先人为什么要"断竹"？到哪里去"断竹"？靠什么工具"断竹"？所有的竹子都适合制弓吗？竹断好后运到哪里？是怎么运竹的呢？有多少人参与运竹？"断竹"时先人们之间会说话吗？说什么呢？"断竹"时会不会有人员伤亡？所断的竹子是就地制作成弓箭，还是运到大家居住的地点一个个制作？在运输过程中有没有偷懒的先人？先人之间在砍、运竹子的过程中会产生争论吗？先人把竹子运到居住地会感到劳累吗？先人穿什么衣服？头发是什么样子的？……把这些问题想好了，一篇文章的框架也就有了。如果你以"续住"为题写文章，肯定要想——先人是怎么弄弯竹子的？制作弓箭是男人的事还是女人的事？连接竹竿两头的材料是从哪里弄来的？只要你思考了就会有答案，答案一个个出来了，文章也就出来了。

生：这不就是电视剧吗？

师：掌声快点响起！

（生与听课教师热烈鼓掌。）

师：你说得非常正确！这四句诗歌可以拍成几十集的电视剧。只要你敢想，拍成百集以上的电视剧都没有问题。大家看过《阿凡达》没有？

生：看过。

师：这是一部把时间设定在 2154 年的科幻电影。这首诗歌其实也可以想象成科幻电影，因为这首诗歌虽然只有 8 个字，里面却藏着许多科学元素，我们不妨把时间设定在 6000 年前。但在拍电影之前，一定要先完成剧本。相信我们这个班一定有同学能够写这个剧本。只要你们敢写，写得让自己与更多人满意，就有可能真的变成电影。希望同学们能有这个梦想。

（下课。）

▶ **点评**

若说前面所有的环节是"曲径通幽"般的探寻，那么这一环节简直就是"飞流直下"的瀑布式冲击。在这一环节，不断涌入学生与现场听课教师脑际的一个词就是——创造。这不仅是高老师在这节课的教学中所要落实的一种理念，更是他一生孜孜以求的。与他熟识的人常常为他爆炸式的信息量和超凡的创新能力所折服。学生推开创造这扇大门的那一刻，他们不仅读懂了远古的文化，更领略了远古的文明。高老师则顺应其势将学生送向了未来："以'断竹'为题写一篇文章，我们肯定要想……把这些问题想好了，一篇文章的框架也就有了。如果你以'续竹'为题写文章，肯定要想……只要你思考了就会有答案，答案一个个出来了，文章也就出来了。"

一首八字诗，最终让学生进入了电视剧或电影的构思境界。语文教学就是可以如此浪漫而丰富，语文教学就是可以如此理性且思辨！

▶ **综合点评**

《教育部关于全面深化课程改革 落实立德树人根本任务的意见》提出："将组织研究提出各学段学生发展核心素养体系，明确学生应具备的适应终身发展和社会发展需要的必备品格和关键能力，突出强调个人修养、社会关爱、家国情怀，更加注重自主发展、合作参与、创新实践。"这引发了教师对核心素养的重视与思考。随着国家对传统文化的整体重视，国学经典于小学语文课程中日渐热起来。但我们传承经典不能只靠热心和潮流，而是应该客观地分析其学科价值及教学策略，这样，效果方可最优。小学语文教师如何在自己的课堂上有所践行并取得成效？一批开拓者已经先行，高老师即在此列。

作为特级教师的高老师是圈内公认的领跑者。他的勤奋是出了名的，无论是阅读还是笔耕，都令吾等普通教师望尘莫及。阅读量决定信息量，每次相聚都能感受到他的意识在不断更新，更新的速度常常令人惊叹，问其因，他笑而不答。与高老师接触得多了，你就会发现其文化底蕴的深厚，读书多只是其中一个方面。高老师在书法方面有极深的造诣，对汉字的研究专业而精深，在教师进修学校时还钻研并执教过数学教学法，甚至关于烹饪和养生他都能自源头与你娓娓道来……他就像一台有无数天线的接收器，敏锐的触角四通八达，练就了浑厚的内功。这些都是成就他的"秘密武器"！所以，他可以带领学生自由穿梭于远古和未来，驰骋于图画与文字构成的语文世界。

  猜字说诗，将汉字的起源变化演绎得出神入化；"缺氧"诵读，将汉语的平长仄短表现得跌宕起伏；创新改编，将文本的丰富内涵点化得风生水起。基础教育的使命是奠定每一个儿童学力发展的基础和人格发展的基础，借助知识去学习知识是最佳的学习状态，而获取学科学习的能力则是形成学科素养的重要前提。学习汉语需要追寻其根脉，得到"根"也就得到汉语学习力的源泉，使之拥有无限的生命力。这样的课堂给予学生的绝对不只是一首只有八个字的诗歌，也不只是一次借助汉语言进行的时空对话，更多的是寻找到"根"的力量之后所迸发出来的勃勃生机。

  作为特级教师的高老师，对课堂上先进的师生理念的贯彻自是不必说，他已经将课标的一切理念自然地融于每个教学环节之中。更重要的是他的文言教学就像一粒种子，植入了课堂，植入了学生的心间，植入了听课教师心间。从课前交流环节就播下的"种子"注定在临近结束时萌发。我相信这节课的"种子"会在学生日后的生命中生发出更蓬勃的绿荫。这样的"种子"使汉语言教学之路拥有了无限的广阔空间。

紫雨说字——趣说文言文常用字词

"吾"与"汝"，我和你

我们现在谈到的指代某人的词一般就分为三种：第一人称"我"，第二人称"你"，第三人称"他（她、它）"。如果表示很多人就在后面加上一个"们"字，变成"我们""你们""他（她、它）们"。在文言里，人称代词有许多种，比如，《放风筝》一文里的"吾"和"汝"，这里学生只要稍稍读几遍就能很快明白"吾"就是"我"的意思，"汝"就是"你"的意思。

其实在古时候，称呼自己不仅可以说"我""吾"，还可以说"余"或"予"。另外如果身份不同，对自己的称呼也是不一样的，比如，一国之君就可以称自己为"朕""寡人"，那么，面对国君的臣民就只能称自己为"臣下""草民"了。不同身份用不同称呼的情况有很多，比如，父子之间、母子之间、兄弟之间、官民之间、师生之间……称呼都是不同的。另外说话人在不同的心情和语气下，对自己的称呼也会有不同，谦称表示谦虚，傲称表示居高临下的态度，昵称表示关系亲密等。

古时候人们交流时称呼对方多用"汝"——远古时代都写作"女"，如果你见到《诗经》《尚书》这类古书中的"女"字时，千万不要都以为表示女生的"女"哦，有的可是"汝"字的前身呢。还有"尔"也表示第二人称。你肯定看出它与"你"字的关系了吧，它们在书写上有相近之处，在读音上，"尔"与"而"同音，所以"而"也有表示第二人称的时候。另外，因为对方的身份不同、对对方的感情不同、与对方的关系不同等也会有不同的称呼，比如"子""乃""廼""戎""若"等。

至于第三人称，古人在描述第三方时也有直接说出那些人物的名字的情况。当然用来替代第三人称的词也有很多，主要有这些词："夫""彼""之""其""他""伊""渠"等。

时与光的聚聚散散

无论是过去、现在，还是将来，人们总是会用到许多关于时间的词语。这些词语将过去的或是未来的时光定格，让我们有了时空的概念、更多合乎情理的想象。

时间的长长短短

我们先来看《蜂》中的描述："春夏时，庭花盛开，群蜂往来枝间，状忙甚。须臾，飞集花心，敛翼缩足，吸取甜汁，归以酿蜜。"蜂在花枝间忙碌着，飞到花心处，收起翅膀和六足，吸取花蕊的甜汁……这一连串的动作在极短的时间里一气呵成，作者用了"须臾"来表示，这就将蜜蜂那敏捷的动作活灵活现地描写出来了。"须臾"就是片刻的意思，其中"须"有等待的意思，并且等待的时间不长，只是一会儿。

其实文言中有许多表示时间很短的词语，比如：有顷、顷间、随即、倏忽、瞬息……有的甚至还会用到弹指间、眨眼间、瞬间、刹那、霎时、顷刻、俄而、即刻、旋即……有些词表示的时间很有弹性，比如：俄而、俄然。俄顷也表示一会儿或不久，但其表示的时间的长短是根据当时的情境而定的，需要放在具体文章中结合上下文来好好体会。

有些词表示的时间是固定的，比如"日"指十二时辰（现在指二十四小时），"年"指三百六十五天（日）……这些固定的时间词语前面如果不加其他数字，在文言里一般都表示一个单位，即"日"就表示"一天",如果是"三日"那就表示"三天"了。有时为了计算时间会在前面加上数字,比如"一日一夜"就表示一个白天一个夜晚相加的时间。另外,在固定的时间词语前面加"一"还表示举例,比如《蚁》中说:"一日,黄蚁黑蚁,成群而出。"这里的"一日"就表示较为模糊的"某一日",也就是我们常说的"有一天",并不表示二十四小时。

时间的聚聚散散

大家都知道时间是连续的,但我们在讲述事情时常常根据我们的需要将它分为一些片段,比如:"晚间,常见水边草际,微光闪烁。""秋夜,有蟋蟀鸣于墙下。""晚间"一词虽然没有指出具体的时间点,但我们一看这个词就明白了萤火虫出没的时间段;"秋夜"一词指出了季节——秋季,也指出了天时——夜间。

大家可能觉得现代人计算时间比较准确,现在运动会上使用的电子计时器已经精确到了 0.001 秒了。其实在文言世界里,对于时间的计算也是十分精确的。

古代的梵典《僧祇律》中有这样的记载:"一刹那者为一念,二十念为一瞬,二十瞬为一弹指,二十弹指为一罗预,二十罗预为一须臾,一日一夜有三十须臾。"我们不妨来算一算:

一日一夜 = 24 小时 = 86400 秒

须臾 = 一日一夜 ÷ 30 = 48 分钟 = 2880 秒

罗预 = 须臾 ÷ 20 = 144 秒

弹指 = 罗预 ÷ 20 = 7.2 秒

瞬 = 弹指 ÷ 20 = 0.36 秒

念 = 瞬 ÷ 20 = 0.018 秒

一刹那 = 一念 = 0.018 秒

现在,你是否感受到"一刹那"和"须臾"之间的差别了呢?

"而"的前前后后

在文言的世界里,"而"绝对是一个"活跃分子",它随处出现,到处结盟,常常帮助一些词语组成特殊的句子。这些词语之间有的结构相同,有的意思相近,有的意思相对或相反,有的在时间上前后有序,有的下文是上文所要实现的目标或达成的结果,还有的后面的状态是前面状态的升级……"而"的前前后后可真是丰富极了!

热心肠的"而"最喜欢做的事情就是让前后两个有关联的词语"手拉手",而它却并不在乎自己在句中是什么意思。比如"朝三而暮四"中,"而"就将"朝三"和"暮四"这两个结构相同的词语连在一起,前后两个词语是平等的,就像并排行走的两个好朋友。

在描述某个事物的两个特点时,中间用"而"连接一下就显得自然而亲切,此时,"而"相当于"而且"的意思。例如:

扑满,形圆而略扁。——扑满的两个鲜明特点:圆、略扁。

花头差小而繁密。——细梅花形的两个特点:小、繁密。

花中结实,细而黑。——柳花中的小种子的两个特点:细小、黑色。

有时人要连续做两个动作,这两个动作在时间上是有先后之分的,用"而"来连接表示做完了前面的事接着做后面的事,此时,"而"相当于"而后""然后"的意思。例如:

因释其耒而守株,冀复得兔。——种田人先放下了农具,然后守着那棵树桩等再有兔子白白送上门来。

采而焙之。——制茶先要去采了茶叶，然后再烘焙。

见巨瓶置于庭心，趋而饮之。——乌鸦见到有瓶子，急速地赶过来，接着就准备饮水了。

有时为了说明某个动作也会用上"而"。"而"后面说明某个具体的动作，前面描述这个动作的状态，或者是发生的时间、地点等。例如：

夫子莞尔而笑。——夫子笑了，怎么笑的呢？莞尔一笑而已。

清晨，祖送孙，入学堂，迎日而行。——怎么行走的？迎着太阳的方向走的。

黄蚁黑蚁，成群而出。——怎么出来的？成群结队地出来的。

兔行速，中道而眠——兔子睡觉了，在哪儿睡了？在比赛的半路上睡了。

有时，"而"还可以连接事情的原因和结果，"而"后面要讲的是前文的目的或者结果。例如：

既满，则扑而碎之，取其钱。——扑满里的钱满了，那么就要被"扑"了，"扑"的目的就是要将扑满打碎，从而拿出里面的钱。

石满而水上溢，乃救其渴。——用小石子堆满了瓶子就是为了能让水溢上来。

兔走触株，折颈而死。——兔子死了的原因是撞断了脖子。

怒而触不周之山。——共工撞击不周山的原因是他发怒了。

有时，前文正说得"起劲儿"，"而"却可将话锋一转，让语句的意思有了转向和改变，相当于"可是""但是"的意思。例如：

水积其半，而瓶口小。——虽然有半瓶水，但是却因为瓶口小而无法喝到它。

九年而无功。——在外奔波治水治理了九年，却没有成功。

虽历久而香甚烈。——时间长可香气却丝毫不减，甚至更加浓烈了。

有时，"而"又会帮前文的某个事态"煽风点火"，"而"后面的状态是前面状态的升级。例如：

火熊焱而不灭，水浩洋而不息。——烈火燃烧并且不灭，洪水浩大、汪洋（泛滥）并且不消退。

其实，这个可爱的"而"在文言里做的事情可远远不止这些，相信你只要喜欢上文言，它就会不断地出来和你见面的。

或或或，不惑的"或"

这个"或"字我们经常见到它，也经常用到它，在现代汉语中使用频率还是挺高的。常常有人讲："这件事情交给你或他去办都一样的。""你明天或后天再来吧。""妈妈过生日了，我送她一条丝巾或一个发卡吧。"不管是说人、事还是时间，"或"都是表示选择的意思，更多的时候我们会说"或者"。而在文言世界里，"或"的意思要丰富得多。

我们来看一个例子："渴则饮以茗，或奉以烟，必令畅谈乃已。"这句话中"或"的用法与其在现代汉语中的用法相近。这是说蒲松龄为了收集故事，但凡路过的人，他要么以茶相待，要么敬上烟，为的就是想听他们畅快地讲故事。

"或"曾经和"有"的意思是相通的。例如："池中种荷，夏日开花，或红或白。""其瓣如丝，如爪。其色或黄，或白，或赭，或红。""庭中种桂，其叶常绿。秋时开花，或深黄，或淡黄。"首先，这三句话分别表达了荷花、菊花、桂花的颜色不止有一种，然后再分别告诉你它们有几种颜色，"或×或×"的词语结构就相当于我们现在说的"有×有×"的词语结构。

文言中的"或"偶尔也表示选择的意思，相当于"有的"。例如："问左右，左右或默，或言马以阿顺赵高。"这句话是说那些人看到赵高指鹿为马，有的选择了沉默，有的说是马来顺应赵高。

"或"可表示某个人,这个人一般是没有明确姓名的,相当于"某个"的意思。例如:"或有老者,劝妇人曰:'当教使言语。'妇人答曰:'我在,彼何必言!'或有邻居,劝妇人曰:'当教使自理。'妇人答曰:'我在,彼何须自理!'""或有老者"就是指"有某位老人","或有邻居"就是指"有某位邻居"。"或曰:'以子之矛,陷子之盾,何如?'"这句话中说话人的身份就更不明确了,"或"只是表示"有人"的意思。

　　"或"可表示某个事物的两种不同状态交替出现。例如:"又入水击蛟,蛟或浮或没。"这里是指蛟在水中一会儿浮上来,一会儿沉下去。

　　"或"还可表示紧接着前面的事情做后面的事情。例如:"及其稍长,而家无书读,就闾里士人家借而读之,或因而抄录。"这里是说这个人不但借读了书,而且还将其抄录了下来。

　　"或"原来还有这么多本领。"或"做事真是有条有理,一点都"不惑"呢!你是不是对它刮目相看了呢?

五千岁的"皆"和"咸"

我们来讲讲"皆"和"咸"这两个五千岁的字的不同命运。

首先说这个"皆"字,它的意思从古至今基本没怎么变化。早在《尚书》里就有这样一句话:"伯父、伯兄、仲叔、季弟、幼子、童孙,皆听朕言。"这句话你现在读来也没什么不明白的吧。

当需要对一个群体进行描述时,无论是人的行为、植物的状态,还是动物的举动,若这个群体的选择一致就可以用"皆",此时"皆"就相当于"都""全部"的意思。例如:"群儿皆羡之,叩其术。""故霜雪既降,百花皆残。""群蚁皆奋斗,至死不退。""盘古初,鸟兽皆能言。""世之好说谎者,平素人皆知其诈。""众狙皆怒。""众狙皆悦。""可以解渴,故人皆喜之。""一儿登瓮,足跌没水中,众皆弃去。""于是举州皆谓灯为火。"

更奇妙的是这个"皆"无论和哪些字组成怎样的词也基本不改变自己的意思,比如"皆悉"表示"都知道"的意思。这样的词还有:尽皆、并皆、总皆……"皆"字真是五千年不变身啊!

下面再说说这个与"皆"几乎同岁的"咸"。虽然它也有五千岁了,但它却不像"皆"那样保持本色,它的变化太大了。作为现代人,你看到这个字,肯定联想到盐了吧。在现代汉语中,咸就是一种像盐的味道。"这菜太咸了"就是说盐放多了,与"淡"相对。

可在文言里，"咸"和盐基本上不沾边。比如，《尚书》里的"万邦咸休"一句中，"咸"和"皆"的意思是一样的，表示"全体、全部"的意思。除此之外，"每遇微风，浓香扑鼻，人咸爱之""众咸莫之解""永之氓咸善游"这些句子中的"咸"其实都可用"皆"来替换，也就是说"咸"和"皆"在这里有相同的意思。有的时候"咸"和"皆"甚至会一起出现："见者咸皆称叹。""咸""皆"表示的还是"都，全部"的意思。

虽然"咸"和"皆"都很古老，都有"全部"的意思，但它们的命运却不同。现代人表示"都"或"全部"的意思时可能还会用到"皆"，但已经很少有人用"咸"了。"咸"似乎成了味觉的专用词，只是我们在读文言时千万别忘了它和盐没关系哦！

想象力丰富的"如"

"如"字的想象力那真是极其丰富的。一提及"如"字，你的脑海中会出现哪些词句呢？细雨如丝、大雨如注、骨瘦如柴、岁月如梭、心如刀割、福如东海、如狼似虎、料事如神……真是多如牛毛啊！看，就这小小的一个"如"字，它一出现，立即让人就眼前的情境联想出类似的情境，描写就变得生动而形象了。

1. "如"经常会出现在比喻句中，这是为了将事物的某个方面说得更加清晰。这里的"如"就是联系两种类似事物的关键词，相当于"像""好像""就像"的意思。

有的句子在说明某物的形状或颜色时会用"如"，例如：

天地混沌如鸡子。——写天地混沌的样子。

其瓣如丝，如爪。——写菊花的花瓣形态。

蕊落，有絮绽出，质轻如棉，色白如雪。——写柳絮的质地和颜色。

松，大树也。叶状如针。——写松叶的形状。

其法用胶泥刻字，薄如钱唇。——写刻字的厚度。

有鸟焉，其状如乌。——写精卫鸟的外形。

有的句子在说明声音引发的人的想象时会用"如"，例如：

闻水声，如鸣佩环，心乐之。——写小石潭的溪流声。

有的句子在说明某物的质感时会用"如"，例如：

雨花台细草，绵软如茵。——小草就像绵软的垫子。

以壳作灯，光赤如血珀。——（虾）壳内点了灯就像血色的琥珀一样美。

溽暑蒸人，如洪炉铸剑，谁能跃冶。——就像在大火炉里铸造宝剑一样。

则以一平板按其面，则字平如砥。——字模就像磨刀石一样。

有的句子对人评价时会用"如"，例如：

光生七岁，凛然如成人。——已经像成人一样值得尊敬了。

自幼所作诗赋文字，下笔已如成人。——已经近乎成人的水平了。

须人料理，如襁褓然。——就像对襁褓中的婴儿一样。

有的句子在联想、对比某两个事物时会用"如"，例如：

视小如大，视微如著。——看小物体像看大东西一样清晰，看到细微的东西像看到显著的物体一样。

三年之后，如车轮焉。——（看虱子）就像车轮一样了。

"如"虽然有时表示"像"的意思，但其含义更多为返回到之前的某个状态。例如：

已而复如初。——过不久又像最初的那样。

而两狼之并驱如故。——两匹狼继续像先前那样并排追赶上来。

"如"在某些句子中还有举例说明的作用。例如：

我虽无用，亦如世有宾客，何益主人？——就好像（比如）……

每一字皆有数印，如"之""也"等字，每字有二十余印。——例如"之""也"这些字。

"如"也可对两者进行直接对比并得出结论的。例如：

惟不知读书，故终不如人。——比不上人。

"如"还喜欢和"此"组合在一起，"此"在这里就是指前面曾经描述过的某种状态，"如此"相当于"这""这样"的意思。例如：

劳苦如此。——像这样辛苦劳作。

如此万八千岁。——像这样重复了一万八千年。

儿痴如此，曷不听其所为。——孩子痴迷到这种程度。

有的句子也会用"如是"表示和"如此"相同的意思。例如：

如是二十余寒暑，此书方告成，故笔法超绝。——就这样过了二十多个寒冬酷暑。

定伯因复担鬼，鬼略无重。如是再三。——像这样重复了多次。

"如"还会与"何"组成"何如""如何"，用在疑问句中。例如：

以子之矛，陷子之盾，何如？——怎么样？

本"太行"，如何称"大行"？——为什么……

讲了这么多，其实这里还只是说了"如"一小部分、最基本的本领呢。这个"如"是不是神通广大呀？

奇妙的"其"

"其"在文言中也是一个使用频率特别高的字，它的用法和意义非常丰富和奇妙，并不是一两句话能说清楚的，在这里我们只选取一些常见的用法来了解一下这个"其"。

"其"的神奇之处就在于它能替代许多事物，相当于现代汉语中的"他（她、它）"。例如：

众以其谎也，不理之。——他（那个说谎的孩子）。

石满而水上溢，乃救其渴。——它（那只口渴的乌鸦）。

为是其智弗若与？——他（那个开小差的学生）。

虽然"其"和"他"一样可以替代很多表示第三属性的事物，但有时并不能将"其"直接理解为"他"，还是要讲清楚事物名称的。例如：

苟得其用，火固有益于人也。——特指火。

闻讲《左氏春秋》，爱之，退为家人讲，即了其大旨。——特指《左氏春秋》中的内容。

蚌方出曝，而鹬啄其肉，蚌合而箝其喙。——前一"其"指蚌，后一"其"指鹬。

如果是要讲述某个事物的归属，那"其"就相当于"他（她、它）的"的意思。例如：

岂可忘其恩乎？——他（们）的（恩情）。

群儿皆羡之，叩其术。——他的（技巧）。

其瓣如丝，如爪。其色或黄，或白，或赭，或红。——它的（花瓣）、它的（颜色）。

有时在一句话中已经很明确说的是谁了，还在前面加上"其"字，此时，"其"就表示特别指出的"那个""这个"的意思。例如：

一日，豹与羊同涧饮水，豹欲烹其羊。——那只羊。

其人弗能应也。——那个人。

其法用胶泥刻字，薄如钱唇。——这种方法。

其印自落，殊不沾污。——那上面的印。

有时会用"其"表示在很多东西里面拿取或选出的某个或某些东西，这时"其"相当于"其中的"的意思，这种用法保留至今。例如：

其一泯尽力而不能寻常。——其中一个。

其一人专心致志。——其中一位。

孔融年四岁，与诸兄食梨，辄取其小者。——其中最小的。

既满，则扑而碎之，取其钱。——（扑满）中的。

"其"的神奇之处还表现在它可以表示推测或估计，相当于"大概""或许""可能"的意思。例如：

一成一败，其治不同也。——可能是……

水积其半，而瓶口小。——大概有……

有时"其"在一些句子中相当于"如果"的意思。例如：

其用缣者，谓之为纸。——如果是用丝绢做的。

"其"还能帮助句子调整节奏，它会很自然地出现在句子中，并不表示具体的意思。例如："多言何益？唯其言之时也。""人之耳目手足，各有其二。""先自度其足，而置之其坐。""虽有敏者，莫措其手。"删除了这些句子中的"其"，并不影响读者对句子意思的理解，但诵读时的节奏就被破坏了。

当然，"其"还会和其他词语组合起来衍生出更多有趣的用法。这里单举表示疑问语气的例子："其"和表示疑问的"岂""何""乎"等词语组合在一起可以强化疑问的语调。例如："岂其鬼耶？""何其偏也！""况其大者乎？"

神奇的"其"在文言中简直出神入化。

"谓"原来是个"吃货"

人与人交流往往是从打招呼开始的。中国人特有的打招呼的经典语就是:"吃了吗?"在中国,"民以食为天","吃"关系到你的胃,于是渐渐有了"谓"这样一个字。在中国古代,每天上朝,大臣首先要向君主报告粮食安全问题,即收成和库存问题,《说文》中的"谓,报也"就是大臣向君主报告粮食问题的意思。这种情况影响到民间后就形成了中国特有的民俗:见面打招呼要互相问吃饭了没有。

"谓"有对谁说话的意思。例如:

眼谓鼻曰:"我近鉴毫端,远察天际,唯我当先。"——眼睛对鼻子说。

我们在交流过程中常常会有一些判断和评价,所以"谓"又有了"叫作,称作"的意思。例如:

于是举州皆谓灯为火。——称灯为火。

其用缣帛者谓之为纸。——被叫作纸。

要对自己的观念或是思想进行认定时可以用"谓",这时"谓"就相当于"认为"的意思。

今其人妄谓己是。——认定自己是正确的。

自谓尽之,遂辞归。——自己觉得(认为)已经将所有的本领都学好了。

要对其他人或事物进行评论、议论时也可以用"谓",这时"谓"就相当于"说"或"认为"的意思。例如:

丞相误邪?谓鹿为马。——说鹿是马。

予谓菊,花之隐逸者也。——我认为菊花。

有的句子中使用"谓"是为了直接下结论、做裁定,这时"谓"相当于"算是、算作"的意思,例如:"祁黄羊可谓公矣。"

"谓"可以与"是"合作,表示讲完一件事后所做出的评断或结论,这时"是"表示以上所讲述的某事或某人的言行,"谓"就表示由此而得出的结论。例如:"噫!是谓拂人之性,违心之谈也。""是谓微明。柔弱胜刚强。"

"谓"不仅是一个地道的"吃货",还是一个热爱交流的字,你知道它的特性了吗?

渐行渐远的"去"

一说"去"大家立刻会想到它的反义词:"来"。其实,"去"相对于"来"的表示指向的意思多在现代汉语里使用,"去"最初的意思是"离开",这在文言作品里有太多的例证,下面这些句子中的"去"都是"离开""离去"的意思。

点之即飞去。——离开。

过中不至,太丘舍去,去后乃至。——太丘离开家。

待君久不至,已去。——(太丘)已经离开。

一儿登瓮,足跌没水中,众皆弃去。——一起玩游戏的小伙伴们都离开了。

乃去,遂迁居市旁。——搬离原来的住处。

言道德之意五千余言而去,莫知其所终。——留下《道德经》然后离开。

竟不收而去。——没有收离开了。

此鼠之见闭而不得去者也。——老鼠无法离开。

少时,一狼径去。——狼直接就离开了。

断其喉,尽其肉,乃去。——扬长而去。

古人有学书于人者,数年自以艺成,告而去辞。——告别师父离开。

冥搜未已,一癞头蟆猝然跃去。——癞蛤蟆突然跳起来离开了。

离开了这里，肯定有一个前往的方向，或是前往某地要完成事情，这种情况也可用"去"表示。（这个意思在现代汉语里也经常用到）

好哥哥，去采菱。——前去采菱。

二龙乘云腾去上天。——前往天上。

既然离开了，那么就自然有了距离，所以有时"距离"也可用"去"来表示。例如：

故天去地九万里。——天到地的距离有九万里。

因为"去"有了"离开"的意思，所以人们渐渐地会用"去"表示一个事物离开另一个事物，"去"就有了"除去""去掉"的意思了。例如：

独石边一丝牵连小网，若去，则小网无所依，必毁。——如果去掉（网丝）。

瓜中有子，炒熟之，可去壳而食其仁。——去掉（瓜子）的外壳。

将某个事物"除去"了，这个事物就可能是用不着了的，于是"去"又有了"舍弃""抛弃"的意思。例如：

曰："吾腰千钱，重，是以后。"曰："何不去之？"——大家劝他把腰里的钱舍弃了。

舍弃或抛弃的可能是人或物，也可能是事件或时间。当舍弃或抛弃的是时间，"去"就有了"过去的"的意思。例如：

汝去年某日，出言得罪于我。——"去年"就是指说话时的前一年。

"去"表示与"来"相对的行动趋向的情况就更常见了，例如："微光闪烁，去来无定，即萤光也。"

一路读过来，我们感受到了"去"从最初"离开"的意思逐渐衍生出许多不同的意思，而这些意思之间又有着千丝万缕的联系，这就是汉字意义的演变过程。在这里我们只是以"去"作为例子来进行说明，感受它来自远方的"脚印"。通过这样的方式，你定然能体会出更多的汉字演变之趣。

热心助人的"者"

乐于助人是好品质，有些字也具有这样的品质，比如"者"字。"者"字最基本的释义是"……的人"。"者"字的这个释义在文言中也较为常见，例如：

或有老者。——年长的人。

郑人有欲买履者。——买鞋的人。

楚人有卖盾与矛者。——卖盾和矛的人。

宋人有闵其苗之不长而揠之者。——拔苗的人。

宋人有耕田者。——种田的人。

这个释义现代汉语还一直在用：记者（记录人物或事件的人）、作者（从事写作的人）、读者（阅读书籍、杂志、报纸等读物的人）。

"者"爱帮助人，有时甚至会"忽略自己"。比如在说某种事物的时候，"者"有时相当于"……的事物"的意思，有时也可以简略地表示"的"的意思。有了"者"，文言就有了美妙的节奏。例如：

采而焙之，红者味浓，绿者味清。——红的茶叶，绿的茶叶。

二龙未点眼者见在。——没有点眼睛的龙。

"者"有帮助说明时间或者地方的作用，相当于"……的时候""……的地方"的意思。例如：

昔者共工与颛顼争为帝。——古时候。

今者臣来，见人于大行。——今天。

舟止，从其所契者入水求之。——刻记号的地方。

可爱者：云剑长空，水澄远浦，一片冷轮，皎皎碧落间，令人爽然。——最美丽可爱的景观。

"者"爱帮助人，自己甚至可以"隐身"。我们用现代汉语理解文言中的"者"时，它似乎是可有可无的，但它恰恰可以帮助句子调整语气。例如："所以死而不倒者。"这句话可以理解为死而不倒的状态，"者"字可以直接忽略，但是这个"者"字似乎将母熊死而不倒的画面定格了。"此数者愈善，而离楚愈远耳。"我们仿佛能从这句话中看到前面所有列举的事物正在一个一个地呈现。

"者"有时在句子中看起来甚至是多余的，比如："王冕者，诸暨人。"直接说"王冕，诸暨人"也没有什么不对。但仔细读一读，我们就能发现有没有"者"句子的韵味是大不一样的。加了"者"，其人名便有被突出来的感觉，引人注意。特别是"者"是仄声，在语音上做停顿会激起人聆听下文的兴趣。

有时"者"还会请"也"一起来帮忙，相当于"是"的意思，例如：

项羽者，楚人也。——项羽是楚国人。

这似乎与我们印象中的文言比现代文表述简略的特点有点不同。其实"者"和"也"给句意增添了无穷的意蕴。

"者"真是个热心者，它不仅会帮助一些句子形成特有的语气，还会和其他词合作，变幻出各式各样的句子！

好问的"何"

在文言的疑问句中,"何"是被用得最多的。所以我们说"何"真是一个好问的字。在某句话中见到它时,该句多是在发问。"何"这一个字代表了许多表示疑问的词,现代汉语里的"什么""怎么""怎么样""为什么""哪里""哪些"等表示疑问的词语在文言中用一个"何"字就可以全代替了。

"何"做"什么"讲时,有例句如下:

亦如世有宾客,何益主人?——对主人有什么好处?

若无眉,成何面目?——还叫什么脸面?

身且死,何以货为?——要钱有什么用?

人不读书,则与禽兽何异?——与禽兽有什么区别呢?

官曰:"小将何德,敢劳垛子尊神见救?"——我有什么德行?

向为何声,岂其鬼耶?——刚才是什么声音?

莲之爱,同予者何人?——还有什么人和我一样?

"何"做"怎么,怎么样"讲时,有例句如下:

尔何能居我上?——怎么能?

子在,回何敢死?——怎么敢?

曰:"内翰云何?"——怎么说?

此何遽不为福乎?——怎么就?

"何"做"为什么"讲时，可以理解为"何故"，如："汝善游最也，今何后为？""何不去之？""蟋蟀口小，鸣声颇大，何也？""夫子嗜鱼而不受者，何也？"

"何"做"何处，哪里"讲时，有例句如下：

鬼问："欲至何所？"——你打算到哪里去？

"何"做"哪些"讲时，有例句如下：

定伯复言："我新鬼，不知有何所畏忌？"——不知鬼都有哪些害怕和忌讳的东西？

"何"还喜欢找一些词语来帮它一起问，虽然搭档不同，表达的意思不同，但"何"还是保留着询问的语气，例如：

何不——为什么不

人曰："何不试之以足？"

何不以锯中截而入？

何如——怎么样

以子之矛陷子之盾，何如？

何为——表示反问的语调

何为中止？

人而无仪，不死何为？

何以——多用在句子的开头，表示质问

何以加此？

鬼复言："何以有声？"

"何"虽然好问，但也有不问的时候，比如以下几种情况：

何必——不必

妇人答曰："我在，彼何必言！"

何须——不须

妇人答曰："我在，彼何须自理！"

几何——多少，表示不多的意思

禽兽之变诈几何哉？——（毕竟）禽兽的狡诈伎俩能有多少呢？

"何"做"多么"讲时，多为感慨之词，例如：

夺彼与此，何其偏也！——多么偏颇啊！

这个好问的"何"确实了不起。最后我们来看这两句，这两句中的"何益"字面上相同，实际意思却是不同的："多言与少言，何益？""多言何益？唯其言之时也。"这两句中的"何益"在字面上相同，实际意思却不同的。第一句中的"何"是表示从"多言"和"少言"两种方式中选出一种，"何益"就是问哪一种方式有益；第二句中的"何益"是专门针对"多言"的反问，即多言是没有益处的。

学文言也要具有好问的精神哦！

自由分合的"文言高手"

说到分身术，大家一定会想到那些魔术师或是小说里的武林高手，可在文言的世界里就有这样几位"会分身的高手"。我们先来看一个出场率较高的字——诸。这个字多为"众，许多"的意思，现在在公开场合，发言者面对大家说话时常常用到的"诸位"就是此意。另如："诸生思之，父母育子，劳苦如此，岂可忘其恩乎？""诸"也可以作为姓氏使用，在一些地名中也会被用到，例如："王冕者，诸暨人。"

"诸"在文言中还有一个特点——它是由两个字合体而成。"诸"不仅在意思和作用方面是合二为一的，而且在读音方面也是由两个字的声韵调拼合而成的，它有两种组合方式：

第一，诸＝之于。之（zhī）＋于（yú）＝诸（zhū）。此处"于"依古音韵体系来说属"鱼韵"，故其韵母为"u"。例如："公使阳处父追之。及诸河，则在舟中矣。"句中的"及诸河"即为"及之于河"，也就是"追他到河边"的意思。再如："投诸渤海之尾，隐土之北。"这一句的意思是"把石块扔到渤海的边上和隐土的北面去"。"诸"即"之于"，"之"指"石块"，"于"就是"到"的意思。

第二，诸＝之乎。之（zhī）＋乎（hū）＝诸（zhū）。如："王尝语庄子以好乐，有诸？"这句话的意思是"君王曾把（您）爱好音乐的事告诉庄子，有这事吗？""诸"即"之乎"，"之"指"这事"，"乎"就是

"吗"的意思。再如："闻强氏授甲将攻子，子闻诸？""子闻诸？"即"你听说这件事了吗？"

在文言中与"诸"一样为两字合体的字并不多，所以很容易记。

"旃"这个字读"zhān"，你很容易就能用上面所教的方法知道它是"子焉"或"之焉"的合体。它的意思也是"子"与"焉"或者"之"与"焉"的组合。"之"一般指某个具体的人或事物，"焉"表示一种语气，相当于"啊""吧"，例如：

愿勉旃，毋多谈。——愿你努力吧，不要多谈了。

舍旃舍旃。——舍掉它吧舍掉它吧。

"盍"有时就是"何"与"不"的读音和意思的合体，其中"何"表示疑问，"不"表示否定。例如：

盍各言尔志？——何不各自说说自己的志向？

伍奢有二子，不杀者为楚国患。盍以免其父召之，必至。——何不免了他父亲的罪来召唤他。

值得注意的是，如果"盍"后面紧跟一个"不"字，此时"盍"相当于"何"，就不是合音字了，例如：

盍不出从乎？——为什么不跟着出去呢？

另一个与"盍"同音同义的字——"曷"，也是"何不"的合体，例如：

中心好之，曷饮食之？——心里喜欢他，何不给他吃的喝的呢？

"叵"为"不""可"的合音，可直接理解为"不可"的意思。比如我们常用的成语"居心叵测"，就是"人心险恶，不可推测"的意思。将"叵"放在文言中，相信你很容易就能理解了。如："曹操心怀叵测……""吾门人多矣，尹子叵测也。""布目备曰：'大耳儿最叵信。'"

此外，还有一个会"分身功夫"的字叫"焉"，它往往会分成"于""之"两字，只是"焉"在读音上不存在像"诸"与"之于"那样的拼合关系。在阅读文言时，不妨留心一下这样的"武林高手"哦！

动手又动脑的"以"

"以"字在文言中算是一个勤劳的字,它不仅常常直接行动,还会动脑筋分析原因,表达结果。至于帮助句子调整语气、连接一些词语,对"以"字来说那更是小菜一碟啦!

我们先从它最常见的"用"的意思讲起,主要按"被用的对象"的不同稍做区分。

"被用的对象"是某种需要的事物时,有例句如下:"故房屋桥梁器具之属,多以松木为之。""先设一铁板,其上以松脂、腊和纸灰之类冒之。""欲印则以一铁范置铁板上,乃密布字印。""不用则以纸贴之。"

"被用的对象"是某种特殊的工具时,有例句如下:"又能以球向壁,横击之,亦不坠落。""猎人入山,以枪击母熊。""何不以锯中截而入?""以子之矛陷子之盾,何如?""有奇字素无备者,旋刻之,以草火烧,瞬息可成。"

"被用的对象"是人或动物的某个器官时,有例句如下:"何不试之以足?""非以口鸣也。""以手拂之,其印自落。"

"被用的对象"是一种思想、理念时,有例句如下:"今欲以先王之政,治当世之民。"

有时会出现将所用的事物放在"以"前面的情况,这时的"以"就相当于"用来"的意思,也可以理解为"用……来"。有例句如下:"于是女娲炼五色石以补苍天，断鳌足以立四极。杀黑龙以济冀州，积芦灰以止淫水。"

除了"用"的意思外，"以"还有"把（将）"的意思。有例句如下："渴则饮以茗，或奉以烟，必令畅谈乃已。""儿以纸向火为戏。""吾以天地为棺椁，以日月为连壁。""屠惧，投以骨。""以告飞卫。""此即以蝴蝶为花。"

"以"还会被用来直接说明原因，相当于"因为"的意思。有例句如下："此独以跛之故，父子相保。"

"以"有时会被放在两件连续做的事情之间，表示做前面一件事情是为了做后面一件事情。有例句如下："或言马以阿顺赵高。""吸取甜汁，归以酿蜜。""孔指以示儿曰。""自古书契多编以竹简。""黔无驴，有好事者船载以入。""花落，取以和糖。"

"以"还有"认为"的意思，如："众以其谎也，不理之。""以"作"认为"讲时，常常与"为"合作，构成一个相对固定的词——"以为"。有例句如下："人以为妄诞，固请点之。""众以为异，执之至官，立讯，伏法。""风光之艳，游赏之娱，以为最矣。""一心以为有鸿鹄将至。""虎见之，庞然大物也，以为神。"现代汉语中还保留着"以为"一词，基本上还是"认为""觉得"的意思。

有时也会将"以"和"为"拆开来用，但意思还是和"以为"相同。有例句如下：

子以我为不信。——你认为我（说的话）不可信。

彼庸夫俗子方以之为食也。——凡夫俗子才认为这（葡萄）是可以食用的。

"以"还表示对结果的推理，常以"所以""是以"等固定搭配的形式出现，相当于"结果这样""这样就""照这样就"的意思。有例句如下："所以死而不倒者，正恐石落伤其子也。""此非所以处子也。""君子是以务学而好问也。""吾腰千钱，重，是以后。"

除此之外，"以"可以和"何"构成"何以"的固定搭配，相当于"为什么这样"的意思。有例句如下："何以如此！""身且死，何以货为？"

"以"可以和"至"构成"以至"的固定搭配，相当于"直到""甚至"的意思。有例句如下："以至昼夜忘寝食，惟读书是务。""明有奇巧人曰王叔远，能以径寸之木，为宫室、器皿、人物，以至鸟兽、木石，罔不因势象形，各具情态。"

"以"还可以和"可"构成"可以"的固定搭配，相当于"可用来"的意思。例如：

故视日之出没，可以辨四方也。——可用来辨别方向。

可以解渴，故人皆喜之。——可用来解渴。

此真可以处子也。——可以用来安居了。

文言中"可以"的意思和我们现在常说的"可以"有区别。文言中的"可以"是"可"+"以"，而现代汉语中的"可以"相当于文言文中的"可"。比如："可以睡"在现代汉语中是可以睡觉了的意思，而在文言中却是指某件物品（如竹席、床铺等）可以用来在上面睡觉的意思。

文言的问句

　　文言中的问句基本上和现代文中的问句一样具有三种基本的形式：一种是表示心存疑问，需要得到解答；一种是对某事、某人、某种现象感到疑惑，属于自我怀疑，未必需要寻得答案；还有一种是反问句，表达的情感较为强烈，只是强化语调的一种方式，不仅不需要解答，反而已经明确地指明了答案。有专门研究文言的学者将这三种问句分别称作询问句、测度句和反诘句。我们暂且就按这样的说法来分别列举。

　　无论哪种问句，在文言中无非是通过两种方式呈现，一种是在句子中直接运用表示疑问的特殊词语，比如：谁、曷、孰、何、安、奚、胡、何许、何如、何若、若……何、奈……何等。有这些表示疑问的词在其中的句子自然就是问句了。

　　1. 询问句。

　　哀公问："弟子孰为好学？"孔子对曰："有颜回者好学，不迁怒，不贰过。"

　　蟋蟀口小，鸣声颇大，何也？

　　汝善游最也，今何后为？

　　何以货为？

　　君之楚，将奚为北面？

　　以子之矛陷子之盾，何如？

悔偷灵药否？

尊君在不？

2. 测度句。

溽暑蒸人，如洪炉铸剑，谁能跃冶？

狱之将上也，韩世忠不平，诣桧诘其实。桧曰："飞子云与张宪书虽不明，其事体莫须有。"

3. 反诘句。

曷不听其所为？

何不试之以足？

何不以锯中截而入？

何不去之？

去年某日，羊未出世，安能得罪大王？

另一种呈现方式是句子中不仅有表示疑问的词，还有表示疑问的语气词来配合。这些语气词往往有这样几种：也、乎、邪、哉、者、耶、与、矣、兮等。

1. 询问句。

"子路何人也？"曰："勇人也，丘弗如也。"

衍曰："夫人所言，何等不可者！"

不稼不穑，胡取禾三百廛兮？不狩不猎，胡瞻尔庭有县貆兮？

为是其智弗若与？

2. 测度句。

不知周之梦为蝴蝶欤？蝴蝶之梦为周欤？

吾闻胜也，好复言而求死士，殆有私乎？

3. 反诘句。反诘句中疑问词和语气词配合得最为密切。其中用得最多的语气词就是"乎"和"哉"。

学而时习之，不亦说乎？有朋自远方来，不亦乐乎？人不知而不愠，不亦君子乎？

乃知观物不审者，虽画师且不能，况其大者乎？

吾葬具岂不备邪？

文言中的问句其实可以根据问人、问事、问方法等用词的不同进行细致分类，这里只是粗略地介绍了一些基本常识，有待日后不断积累。

善于推理的"乃"

"乃"在文言中有"你的"的意思，比如我们所熟悉的南宋诗人陆游的著名诗句："王师北定中原日，家祭无忘告乃翁。"诗句中的"乃翁"就是"你的父亲"的意思，这首《示儿》是陆游写给儿子的，"乃翁"也就是指陆游自己。但"乃"的这个意思在文言中用得并不是太多，"乃"在文言中常常表示一些推理性的判断。"乃"可以直接理解为"是"的意思。当然"是"也有多种含义。

实在是。例如：

乃一路奇景，不觉引余独往。——含有赞叹意味的"是"。

原来是，表示出乎意料。例如：

孟子辍然中止，乃复进。——弄清了缘由后的"是"。

是，表示在解释原因。例如：

乃知观物不审者，虽画师且不能，况其大者乎？——说明原因的"是"。

"乃"用得较多的意思是"就""于是"，表示因为前面的某种原因，顺理成章地推进了下一步的举措。下面所举例子都属于这一类。"书不足，乃漆一盘书之。""孔君平诣其父，父不在，乃呼儿出。""母曰：'此非所以处子也。'乃去。""屠乃奔倚其下，弛担持刀。""尧乃使羿诛凿齿于畴华之野。""薛谭乃谢求反，终身不敢言归。""因其封题不甚密，乃启而视之。""赵高欲为乱,恐群臣不听,乃先设验。""乃放老马而随之,遂得道。""乃口是心非。"

有时"乃"表示漫长等待后的结果,就是"方才"的意思。例如:

过中不至,太丘舍去,去后乃至。——陈太丘离开后好长时间(所约的人)才到。

乃悟前狼假寐,盖以诱敌。——(经历了这样的对搏之后)猎人方才明白。

渴则饮以茗,或奉以烟,必令畅谈乃已。——(蒲松龄)一定让人家畅快讲完故事方才罢休。

有顷乃苏。——(曾参)过了好长时间才苏醒过来。

有的句子中"乃"前后的部分并没有什么必然联系,"乃"只是紧承前句的行为,此时的"乃"就相当于"然后"的意思。例如:"石满而水上溢,乃救其渴。""越王勾践反国,乃苦身焦思。""欲印则以一铁范置铁板上,乃密布字印。""断其喉,尽其肉,乃去。"

有的句子中的"乃"相当于"竟""竟然"的意思,表示因为前面的事由,不但没有顺理成章地完成某事,还做出了意料之外的行为。例如:

豺欲烹其羊,自念无以措辞,乃强责之曰。——想不到狼这样蛮横。

乃盘旋梁柱间,迟疑良久,竟不收而去。——大蜘蛛停止收丝在意料之外。

覆而出之,堕地乃走,虽有敏者,莫措其手。——想不到小老鼠落地后立刻逃跑了。

"乃"是不是一个特别爱推理的字啊!"乃"字前后的事件往往是有关系的,要么是简单的前后有序的排列,要么是顺理成章的因果推断,要么是出乎意料的转折,我们在阅读过程中可以好好品味。

有创造、有目标的"为"

每个汉字都有自己的"性格","为"就是一个有追求、有目标的字。"为"的意思虽然有很多,但都能体现出其所作所为是有方向的。它有两个读音,一个读"wéi",另一个读"wèi",具体读音需要根据语境来判断。

"为"是一个"肯做事"的字,我们在描述一个奋发上进的人时,常常说这是一个有"作为"的人。"作"与"为"意思相近,文言中的"为"就有"作"的"制作或做事"这一层意思。但在具体的句子情境中"为"所做的事情是不同的。

伦乃造意,用树肤、麻头及敝布、鱼网以为纸。——制造纸张。

有布衣毕升,又为活版。——发明活版印刷。

凡诸百事,均不使为。——做事。

堂上燃烛,儿以纸向火为戏。——做游戏。

其异者,能为人言。——说人话。

岛不觉得止第三节,尚为手势未已。——做手势。

此苏家为甚酥也。——制作(酥饼)。

盖简桃核修狭者为之。——雕刻桃核。

制作出来的东西往往都是有名称的,所以在名称前的"为"就是"叫作""称为"的意思。例如:"其用缣者,谓之为纸。""于是举州皆谓灯为火。""因与岛为布衣之交。""谓鹿为马。"

"为"也可以对某个事物命名,或对一些事物做出判断,此时它就相当于"是"的意思。例如:"今知火之为害矣。""向为何声,岂其鬼耶?""相传先生居乡里,落拓无偶,性尤怪僻,为村中童子师。""雪为雨所变;霜为露所成。""久之,不语,疑为鬼也。"

"为"有"当作""作为"的意思。例如:"蜜成,满蜂房,储为冬令之粮。""吾以天地为棺椁,以日月为连璧,星辰为珠玑,万物为赍送。"

"为"可以引出对制作过程表现的评价,意为"算作""算是"。例如:"若止印三、二本,未为简易;若印数十百千本,则极为神速。"

"为"有"被"的意思。例如:"致羊为狼食尽。""在上为乌鸢食,在下为蝼蚁食。""兔不可复得,而身为宋国笑。"

"为"有"给""替"的意思,不过这个时候,"为"读"wèi"。例如:"昔有牧童,为人牧羊于野。""吾日三省吾身,为人谋而不忠乎?"

做事是出于某种目的,于是"为"就有"为了"的意思。例如:"天下熙熙,皆为利来;天下攘攘,皆为利往。""为设果,果有杨梅。"

做了事情自然会产生一些结果,在说明结果产生的原因时用上"为","为"就相当于"因为"的意思。例如:"天为雨粟,鬼为夜哭。""为是其智弗若与?"

"为"还有诸如"对""向""跟""和""与"等的意思。例如:

不足为外人道也。——跟

道不同,不相为谋。——与

退为家人讲,即了其大指。——对

君之楚,将奚为北面?——向

做的某件事情可能会有一个走向,所以"为"也有"变为""变作""成为"的意思。例如:"此何遽不为福乎?""女娲游于东海,溺而不返,故为精卫。""天地开辟,阳清为天,阴浊为地。""不知周之梦为蝴蝶欤？蝴蝶之梦为周欤？""近岸，卷石底以出，为坻，为屿，为嵁，为岩。""昔者共工与颛顼争为帝。"

比较特殊的是"为"有时还会将自己所做的事列举出来，此时相当于"有"的意思。例如："通计一舟，为人五；为窗八；为箬篷，为楫，为炉，为壶，为手卷，为念珠各一；对联、题名并篆文，为字共三十有四。"

"为"还可以在句中帮助将要强调的内容调整位置。例如：

惟弈秋之为听。——唯听弈秋之（讲述）。

子以我为不信。——子不信我。

"为"有时排在句子的末尾，表达反问语气。例如："儿痴如此，曷不听其所为？""汝善游最也，今何后为？""身且死，何以货为？"

另外，"为"还能与其他字合作组成一些相对固定的词语和特殊的格式，比如"以为""何为""所为"……这里就先不鳌述了。

情感丰富的"乎"

语言文字就是用来抒情达意的，当然会饱含各种情感。在文言中，"乎"绝对是个感情丰富的字。它忽而生疑发问，忽而感叹惊呼，忽而又深思推测……只要它参与的句子都带有极其丰富的感情色彩。

我们来看"乎"是怎么生疑发问的。文言的问句中常常会出现"乎"，大多数情况下相当于"吗"的意思。这样的问句是需要听者回复的，当然反问句是不需要回复的。例如：

子路愠见曰："君子亦有穷乎？"子曰："君子固穷，小人穷斯滥矣。"——面对子路的发问，孔子给了明确的回答。

王侯将相宁有种乎？——陈胜是在反问，即王侯将相并没有更高贵。

为子女者，岂可忘其恩乎？——这是在反问，即不可忘记父母的养育之恩。

学而时习之，不亦说乎？有朋自远方来，不亦乐乎？人不知而不愠，不亦君子乎？——这段话中的三个"乎"都是"吗"的意思，都表示反问和强调。

下面这些句子末尾的"乎"都相当于"吗"的意思，但语气还是有些微差别的。例如："而独不闻之翏翏乎？""而独不见之调调之刁刁乎？""向也参得罪于大人，大人用力教参，得无疾乎？""汝不闻乎？"

有的问句只是表达心中的疑问，或只是在为难地权衡，未必都要得

到答案。此时,"乎"相当于"呢"的意思。例如:

滕,小国也,间于齐、楚。事齐乎?事楚乎?——在齐楚之间摇摆不定。

况其大者乎?——一种推断评判,带有理所当然的意味。

观百兽之见我而敢不走乎?——一种料定的事实。

此何遽不为福乎?——一种根据经验的推测。

"乎"有时在句子中表示感叹。在不同的语言环境里感叹的内容也是有区别的,分类如下:

对某些因素进行推测而发出的感叹,一般相当于"难道……吧""可能……吧"中的"吧"的意思。例如:

泰山其颓乎?梁木其坏乎?哲人其萎乎?——泰山快要崩塌了吧?屋梁快要断裂了吧?哲人快要死去了吧?

因为某种状况想表达心中的情感或是想要广而告之,这里的"乎"就相当于"啊"的意思,诵读时发音可以长而响。例如:

惜乎,子不遇时!——感叹可惜。

天乎!吾无罪!——向天倾诉。

参乎!吾道一以贯之。——提醒曾参注意。

"乎"有时会出现在句子中间,但只是因为情感的丰足而稍做简短的停顿,本身并没有什么实在的意思,有时表达商榷的语气,有时只是强调一下所形容的状态。例如:"于是乎有黠者出,乘机施其技。""牡丹之爱,宜乎众矣!""焕乎其有文章。"

"乎"在句子中间出现偶尔也会有实义,等同于"于"的意思。例如:"是所重者在乎珠玉而所轻者在乎人民也。""游于江海,淹乎大沼。"

"乎"包含的情感非常丰富,语调也极其多变,或咄咄逼人,或迂回委婉,或激情飞扬,或舒缓幽远。在阅读文言时,一定要重视"乎"的情感变化哦。

承上启下的"则"

说起文言中关照上下文关系的字，之前我们说过一个"而"字，"而"前后发生的事情往往都由它来连接。今天要谈到的"则"也是这样一个连接上下文的字（"则"的另一些实在的意思本文不讲），但"则"和"而"的"性格"不同。如果说"而"擅长"瞻前顾后"的话，那么"则"就擅长"承上启下"了。有人说，"而"的性格是圆的、软的，"则"的性格是方的、硬的。这种说法非常生动形象。"而"只是顾着将前后的内容"拉上关系"：并列关系、递进关系、因果关系……前后关系相对自由。"则"却不同，它出现都是对上文进行总结，下文一定是由上文推理演绎而来。当然演绎的方向可能有所不同，但源头一定在"则"之前的文字之中。

"则"表示对事件的有序安排，紧随前文之后时，相当于"就"，含有接下来的意思。例如："诸儿见家人泣，则随之泣。"小孩子看到家人哭了就跟着哭。这个顺序是不可颠倒的，一定是家人先哭了，小孩子才跟着哭。也就是后一件事紧跟着前一件事发生。再如：

欲印则以一铁范置铁板上，乃密布字印。满铁范为一板，持就火炀之，药稍镕，则以一平板按其面，则字平如砥。若止印三二本，未为简易，若印数十百千本，则极为神速。常作二铁板，一板印刷，一板已自布字，此印者才毕，则第二板已具。

这一段话讲述的是活字印刷如何一个步骤一个步骤地进行的，前后顺序是不可乱的，其中的"则"就明显地表现出其有序的特点。

　　当要表示对原因和结果的合情合理的推断时，也会用"则"将因和果承接起来，例如："凡物热则涨，冷则缩。"这里的"则"相当于"就"，但含有"所以"的意思，也可与"那么，就……"相对应。下面几例也是如此。"天热则下雨，天寒则下雪。""沾水则高下不平。""渴则饮以茗，或奉以烟，必令畅谈乃已。""泠风则小和，飘风则大和，厉风济则众窍为虚。""人不读书，则与禽兽何异？"

　　根据前因推断结果，那么得出的结果有可能是顺其自然的，也有可能会是相反的，这时用"则"来连接就相当于"反而"的意思了。"欲速，则不达"就是非常明显的例子，意即：过于性急反而不能达到目的。

　　有的句子前面列举出各种情况或现象，用"则"强调其中的特殊之处，此时的"则"有"却"的意思。例如："人皆好逸而恶劳，我则异于是。"

　　"则"表示让步时，相当于"倒是"的意思。例如："美则美矣，而未大也。"

　　"则"也会表示前面做的事情得到的一个答案，这时"则"就相当于我们苦苦寻觅之后得知真相时所说的"原来是……"。例如："赵盾就而视之，则赫然死人也。"意即：靠近了仔细一看，原来竟然是一死人。

　　在一些文章中，为了强调气势会连用几个"则"，例如："用之则行，舍之则藏，惟我与尔有是夫。"

　　"则"还会与其他词组合构成相对固定的格式，但大多情况下还相当于"就"的意思，比如"然则"（这样的话就……）、"否则"（不这样的话就……），仍然没有改变"则"由上文推及下文的功能。

善观察、会描摹的"然"

"然"原本是"燃"的本字，即最初字，表示燃烧的意思。"然"下面的"灬"就是由"火"演变而来的，后来在"然"的左边又加了把"火"，于是就有了专门表示燃烧意思的字，"然"遂渐渐丢失了燃烧的意思，成了一个观察状态、描摹状态的字。在古代人们对话时，"然"表示肯定的意思。是的就说"然"，不是的就说"不然"或者"否"。例如："此言有之乎？然，有之。""为是其智弗若与？曰：非然也。"

"然"表示肯定的意思，即对面前的状态表示认可，所以"然"在句子中自然就带有"是这样"的意思。例如："知其然而不知其所以然。""有毅力者则不然。""验之信然。"

"然"包含"这样"的意思，可以对前文所描述的形态进行强调，相当于"……的样子"的意思。我们常用的成语"恍然大悟"中的"恍然"就是"突然醒悟的样子"的意思。"然"的这种意思在文言中运用极为广泛。有例句如下：

举欣欣然有喜色。——开开心心的样子。

天油然作云，沛然下雨，是苗浡然兴之矣。——"油然"指天空中云堆积的样子；"沛然"指雨水充沛淋漓的样子；"浡然"指禾苗茂盛兴旺生长的样子。

宋人有闵其苗之不长而揠之者，芒芒然归。——茫然劳累的样子。

栩栩然，蝶欤周欤，吾不得而知也。——悠闲自在的样子。

光生七岁，凛然如成人。——聪明伶俐的样子。

日光下澈，影布石上，怡然不动。——安静的样子。

循陵而走，见蹲石鳞鳞，俨然类画。——庄重的样子。

有顷乃苏，欣然而起。——开心的样子。

云剑长空，水澄远浦，一片冷轮，皎皎碧落间，令人爽然。——舒服爽快的样子。

满坐寂然，无敢哗者。——沉默的样子。

有些句子会将前句中所描述的形态做一个比拟，此时"然"相当于"……一样""……似的"的意思。有例句如下：

人之视己，若见其肺肝然。——像看自己的肝肺一样。

既登峰头，一庵翼然，为文殊院，亦余昔年欲登未登者。——像翅膀似的。

鬼大呼，声咋咋然。——像炸雷似的。

须人料理，如襁褓然。——像襁褓中的婴儿一样。

"然"在与其他字组合时也保留着"是这样"的意思。

"然而"——这样而，有的时候就用"然"字表示这个意思。有例句如下：

然而不王者，未之有也。——照这样而不能为王，是没有的事。也即照这样去做，肯定可以为王。

"然而"有时又表示转折："饮食所以养身，然而饮食无节亦足以伤身。""蛤蟆蛙蝇，日夜恒鸣，口干舌擘，然而不听。"

"自然"——如此自由地发展。有例句如下："功到自然成耳。"

"然则"——既然如此（这样），那么就。有例句如下：

然则文王不足法与！——既然这样说来，那么连文王也不足为法吗？

"然后"——这样才。有例句如下：

独居三年，然后归。——独居了三年，这样才回去。

"虽然"——虽然这样。有例句如下：

予虽然，岂舍王哉？——我虽然这样，难道肯抛弃王吗？

最后强调一下"虽然"意思的古今区别：现代汉语中的"虽然"＋这样＝文言中的"虽然"。也就是说，文言中的"虽"等同于现代汉语中的"虽然"。

行走自由、爱发议论的"夫"

仅从字形上我们就看出来了,"夫"就是"人",那么怎样的人才是"夫"呢?

古时候,对于成年的男子一般统称为"夫",士人有"士大夫"的称呼,习武的人有"武夫"的称呼,对人尊称有"夫子",一概而论的称呼有"匹夫"等。早在《诗经》里就有这样的句子:"维此奄息,百夫之特。"这里的"百夫"就是指众人。"时夫仆俱阻险行后,余亦停弗上。"这里的"夫"是指跟随徐霞客一起上山的脚夫。在这样众多的人中,定然有非常出色的人,人们就给予他们美称——大丈夫。对于女子来说,选择终身的配偶肯定是要挑选自认为顶天立地的男子汉,那自己挑中的"夫"就有了一种特殊的称呼——夫君(丈夫)。作为人的"夫"字就这样演变着从远古走来,现代汉语里还经常用到"夫"的这个意思。

事实上在文言中,有了灵性的"夫"字在字里行间行走是非常自由的。"夫"字不仅出现在句中,还经常出现在句子的开头和结尾。"夫"字处于头尾的位置时,大多数情况下便不再以"人"的身份出现了,它有了特殊的任务。下面我们来细致地品味一下。

"夫"指身边(近处)的人或事物时,相当于"这""这个"的意思;指远处的事物时,相当于"那""那个""那些"的意思。有例句如下:

子曰："夫人不言，言必有中。"——这个人要么不说，要说必然说中。

有时，"夫"会"站"在一句话的前端，像个领军的人物，提示下文或表示要对某事进行评价或判断。有例句如下：

夫不可陷之盾与无不陷之矛，不可同世而立。——"夫"引出由宋人自相矛盾的言行所引发的思考和言论。

夫唯嗜鱼，故不受也。夫即受鱼，必有下人之色。——公仪休面对管家，总结发表自己的感受和决定。

夫大块噫气，其名为风。——特别强调要对"风"这样的自然现象进行描述了。

"夫"偶尔也在句子中间发挥一下调节语气的作用，一般是缓冲句子的语气，但这种情况不太常见。"夫"用在句末时，常常表示感叹。有例句如下："逝者如斯夫！""悲夫！世之好说谎者，平素人皆知其诈，虽真遇急难，求人援手，而人亦不之信矣。"

"夫"有时还喜欢和"若"结伴而行，用在句首或段落的开始，表示另提一事。有例句如下："若夫日出而林霏开，云归而岩穴暝，晦明变化者，山间之朝暮也。"

"夫"在文言中真是一个有"人性"的字，除去其作为"人"的意思，它在句子间行走时真是自由自在，特别是在句首和句尾见到它时，该句常常是与抒情和议论相关的。"夫"真是一个行走自如、爱发议论的字啊！

"是"不是这个"是"

"是"这个字在我们日常生活中用得太频繁了，可文言里的"是"却不是我们现在的这个"是"，它的意思要丰富得多。也就是说文言中的"是"比现代汉语中的"是""能干"得多。

现代汉语中的"是"是对某个人或事物做出判断时所用的一个词：你是人，那是树……这个意思在文言里也有用到，例如："是不为也，非不能也。""日中不至，则是无信；对子骂父，则是无礼。""未闻孔雀是夫子家禽。""俗云：甜言须防是饵。""今子食我，是逆天帝命也。"这些句子的结构与现代汉语的句子结构基本没有太大的区别。但在文言里这样用"是"的情况并不多。在文言中要表示"是"与"不是"，一般就说"然""否（不然）"。如果对某个事物进行判断，多用"成""为""或""者……也"这些词，用"是"是偶然的情况。有时"是"还会故意"躲"到名词后面，为的是突出这个名词。例如："古之人有行之者，文王是也。"此句本应是"是文王也"，这样是为了突出"文王"。

那么"是"在文言中更多的意思是什么呢？它常常表示"此"或"这"的意思。例如：

自是手不释书，至不知饥渴寒暑。——从此就再也不肯将书放下。

自是之后，孟子不复矣。——从此以后。

如是二十余寒暑，此书方告成，故笔法超绝。——如此过了二十多年。

如是再三。——如此重复多次。

是年。——这一年。

是可忍，孰不可忍。——这个都可以忍受。

是谓微明。柔弱胜刚强。——这就叫作不引人注意的明道境地。

是在习熟而已，岂有他哉。——这（本领）。

名实未亏而喜怒为用，亦因是也。——这个。

当是时，妇手拍儿声，口中呜声——这个时候。

是亦非所以处子矣。——这里。

奈何公亦颠倒若是？——这样。

除了这样的直接指示，"是"还表示判断，表示与错误相对的正确，与"非"相对。例如："以瞽为明，以聋为聪，以是为非，以吉为凶。""我谈古今是非，尔何能居我上？"

"是"偶尔也玩玩颠倒词语的"杂技"，例如：

小国将君是望，敢不唯命是听。——听命。

以至昼夜忘寝食，惟读书是务。——务读书。

"是"还会与其他字组合成相对固定的词语，这些组合中的"是"基本上还保持着"这（个）"的意思。

于是——在这个基础上。例如："于是，女娲炼五色石以补苍天，断鳌足以立四极，杀黑龙以济冀州，积芦灰以止淫水。""于是举州皆谓灯为火。""于是，老子乃著书上下篇，言道德之意五千余言而去，莫知其所终。""于是至围王离，与秦军遇，九战，绝其甬道，大破之。"

是以——为了这样（所以）。例如：

吾腰千钱，重，是以后。——因为这个原因才落在后面。

君子是以务学而好问也。——因为这个原因才勤学好问。

像这样的用法另外还有：是故——为了这个缘故（所以），是则——

这样就。

总之，现代汉语中的"是"所表达的意思已经远远没有文言中的"是"那么丰富了，原来的意思也只能保留在一些成语中了，如：唯利是图、口是心非、不宁唯是。

张大嘴巴的"哉"

看到"哉",你肯定想到一连串与它形近的字了,比如"载""栽""戴""裁"等。虽然它们都跟"戈"这个部首有千丝万缕的联系,但我们都是借助这些字的左下部分来识别和理解它们的。"载"与车辆相关,"栽"与树木相关,"裁"与衣服相关,"戴"的左下部分就像一个人 人 双手 将面具 田 (也有说是头饰之类的)戴在头上。而我们今天要说的"哉"显然是与嘴巴(口)相关。在文言里,只要它出现,不是在感叹就是在发问。

"哉"常常惊叹得张大自己的嘴巴。因为它所表示的感叹,不是一般意味的感叹,而是需要夸张语调的。它的位置可以在句子中间,也可以在句子末尾,一般都是跟在一个形容词后面,有了"哉",这个形容词的感悟色彩仿佛就会得到不断加强。"哉"本身并没有实在的意思,在现代汉语中相当于"啊"。

善哉!祁黄羊之论也,外举不避仇,内举不避子。——大加赞叹祁黄羊的美德。

非人哉!与人期行,相委而去。——指来客对陈太丘没有等这件事很是不满,出口就骂陈太丘不是人。加了"哉"骂人的语意就明显升级了。

嘻,技亦灵怪矣哉!——对这种技艺的灵巧怪诞程度发出非比寻常的惊叹。

悠哉悠哉，辗转反侧。——这种"悠"的感觉深远而绵长，以至后面"辗转反侧"。

"哉"又常常张大嘴巴来发问。不同的问句发问的方式也有差别。

有的问句是希望得到答案以解心中的疑惑的，这时"哉"就相当于"吗""呀"之类的意思。例如：

此何鸟哉！——这是什么鸟？

汝何以为哉？——你为什么要这样做？

有的问句就不是这样求教的语调了，它们会与"岂"互相配合，反问的语气就更强烈了。这样的句子表面看起来是在发问，但更多的是在发表感叹。例如：

岂可人而不如鸟哉？——怎么可以对人还不如对鸟呢！

是在习熟而已，岂有他哉。——这（技巧）就在于日常的练习，熟能生巧而已，哪里有什么其他的（秘诀）啊！

禽兽之变诈几何哉？止增笑耳。——禽兽那些所谓的机智狡诈又能有多少呢！只是增添几分笑料罢了！

嗟乎！燕雀安知鸿鹄之志哉？——那些燕子麻雀怎么能理解鸿鹄的远大志向呢！

学会用文言说"NO"

"NO"是一个几乎通行全世界的英文单词，表示否定。我们的文言如何表示否定呢？首先，使用最多的就是与"NO"对应的"不"，它穿越古今，基本没有什么变化。

"不"的用法最为灵活多样，它可以在叙述的过程中表示对某种行为或状态的否定，相当于"不""不是""没有"的意思。例如："汝混浊此水，使老夫不能饮。""天不兼覆，地不周载，火燫焱而不灭，水浩洋而不息。"

"不"也能表示一些禁止程度较深的否定。例如："火不可戏也，偶不慎，小则灼肌肤，大则焚房舍。""群蚁皆奋斗，至死不退。"

"不"也在一些表示选择的句子中出现。例如："是一是二，不知周之梦为蝴蝶欤？""于是王召见，问蔺相如曰：'秦王以十五城请易寡人之璧，可予不？'"

一般来说，"不"是最为常见、常用的表示否定的词语，因为它古今没有变化，所以非常好理解。下面我们要讲讲其他表示否定意味的词。

"非"与"不"的关系特别有意思，有时它们是相同的，甚至是可以互相替换的，比如："蟋蟀有四翅，振翅发声，非以口鸣也。"这句话也可以说成："蟋蟀有四翅，振翅发声，不以口鸣也。"虽然意思相同，但用了"非"就有了一种辨识的意思，即常见的动物鸣声多用"口"发出，蟋蟀发声却是"振翅"而为，特别在此辨出个"是与非"。所以仔细琢磨一下，还是用"非"更为合适。

有的时候，"非"与"不"会互相配合。有两种搭配方式，一种是"非""不"连用，表示语意的强化。例如：

天久雨且寒，有扇莫售，非不肯偿也。——不是不……

另一种搭配则是要强化假设后的结果，此处的搭配效果相当于"如果没有（或不是）……就不……"。例如："灯非火不明，食非火不熟。苟得其用，火固有益于人也。""鼻曰：'饮食非我不能辨。'""非……不……"这种搭配有时换成"非……无……"或"非……莫……"，意思也相近。比如现在仍有"非你莫属"的说法。

有时，"非"在意思上大于"不"，相当于"不是"的意思。例如："母曰：'此非所以处子也。'""马虽良，此非楚之路也。""为是其智弗若与？曰：非然也。"

有时，"非"又是"不"无法替代的，它与"是"相对的。例如："口曰：'我谈古今是非，尔何能居我上？'"

再说一个相当于"不"的词——"莫"。例如："于是老子乃著书上下篇，言道德之意五千余言而去，莫知其所终。""吾盾之坚，物莫能陷也。"

有时"莫"相当于"没有""无法"的意思。例如："天久雨且寒，有扇莫售，非不肯偿也。""虽有敏者，莫措其手。"

"弗"与"不"的音近似，意思更是相通，但"不"为入声，而"弗"为平声，所以有"弗"的语句在口气上会显得温和很多。例如："虽与之俱学，弗若之矣。为是其智弗若与？曰：非然也。""秦青弗止，饯于郊衢。""时夫仆俱阻险行后，余亦停弗上。""其人弗能应也。"

"未"有时表示"不"的意思，有时表示"没有"的意思，如果与其他词搭配组合又有不同的意思："未尝""未曾"表示"从来没有"

"不曾有过"的意思;"未必"表示"不一定"的意思。例如:"去年某日,羊未出世,安能得罪大王?""二龙未点眼者皆在。""未闻孔雀是夫子家禽。""世传李太白读书山中,未成,弃去。""未至,道渴而死。弃其杖,化为邓林。""昔瞽瞍有子曰舜,舜之事瞽瞍,欲使之,未尝不在于侧。"

在表示不做某事或事实并非如此的一些句子中,还常常会用到"无",在更古老的时候还会写作"毋"。"无"相当于"不"的意思时,有例句如下:"群蜂安居房中,无缺食之患。""晚间,常见水边草际,微光闪烁,去来无定,即萤光也。"

"无"相当于"没有"的意思时,有例句如下:"豺欲烹其羊,自念无以措辞。""鲧用雍堵之法,九年而无功。""我虽无用,亦如世有宾客,何益主人?无即不成礼仪。若无眉,成何面目?"

有时,"无"也和"不"并用。如:"吾矛之利,于物无不陷也。"

此外,有一个与"无"相近的字——"罔"。"罔不"相当于"无不"。如:"明有奇巧人曰王叔远,能以径寸之木,为宫室、器皿、人物,以至鸟兽、木石,罔不因势象形,各具情态。"

现在常常在一些禁止的告示牌上写着"请勿××",其中的"勿"就是一个表示禁戒的词。如:"告门弟子曰:'参来勿内。'""将来有羡先生唱者,切勿信之,必有故也。"

在表示否定的意思时,也有直接就用"否"来表示的情况。如:"仰问嫦娥:'悔偷灵药否?'""老者可甲而否乙。""请试尝之,不知尚足一说否?"

其实在文言中,表示"NO"还有许许多多的方式,以上只是列举了常见的而已,另外如:"匪""毋""靡"……有待你在日后的阅读中不断地发现、不断地体味。

神出鬼没的"焉"

"焉"这个字的形状就"怪模怪样"的,像"马"非"马",似"丐"非"丐"的。而在文言中它也是位"神出鬼没"的角色,它不仅在句首、句中、句末都能出现,而且还有"分身之术"。

"焉"出现在句首的情况大多是在反问句中,相当于"哪里""怎么"的意思。例如:"非再至,焉知其奇若此?""塞翁失马,焉知非福。""不入虎穴,焉得虎子。"

出现在句子中间的"焉"只是表示一个小小的停顿,相当于一个逗号的作用。例如:"少焉,月出于东山之上。""爱之能勿劳乎?忠焉能勿诲乎?"

"焉"用在句末的情况比较多,我们可以分不同的情况来理解。"焉"在句末表示肯定的语气时,是为了得出一个结论,并没有什么合适的现代词与之相对应。

国人称善焉。——大家对于祁黄羊的为人给予了肯定。

三年之后,如车轮焉。——三年训练之后,眼力大增的结果。

可远观而不可亵玩焉。——对于莲花应该持有的态度。

俄大网破,大蜘尽收其丝於腹中,将另结焉。——做出重新结网的决定

社伯请剖雁,烹燔半焉。——社伯给兄弟之争一个最终的判决。

"焉"用在问句的末尾时，表示感叹，相当于"吗""啊""呢"。例如："既身死而陷父于不义，其不孝孰大焉？"

在日常学习和生活中，如果我们开小差了，可能会被人问："你怎么心不在焉？"这里的"焉"指的就是当前正面对的人、物或事情。如果上课听讲时老师这样评价你，就是说你的心不在听讲这件事上；如果在欣赏作品时别人这样评价你，就是说你的心不在面前的作品上。

"焉"也有"分身"和"合体"的本领。虽然"焉"不像"诸"和"之于""之乎"那样音意皆合，但它在意思上身兼两职的本领和"诸"是一样的。"焉"相当于"于之"或"于此"。当表示动作行为发生的处所时，我们能够用"于之（此）"替代"焉"，翻译为"在那里"或"在这里"，这样句意才完整，并且在句子的前面有表示处所的短语，即有"之（此）"所指代的内容。"积土成山，风雨兴焉；积水成渊，蛟龙生焉。""兴焉"即"兴于此"，"此"指代积土所成的"山"，此句即"风雨在这里兴起"的意思；"生焉"即"生于此"，"此"指代积水所成的"渊"，此句即"蛟龙在这里生长"的意思。像这样的情况还有例句如下："天倾西北，故日月星辰移焉；地不满东南，故水潦尘埃归焉。""漳水出焉，东流注于河。""又北二百里，曰发鸠之山，其上多柘木，有鸟焉。"

有时"于此"所指的内容也可以不是方位，而是前面所讲的某件事或某个现象。例如：

圣人感焉，因用小枝钻火，号燧人氏。——感焉即感于此，就是对这件事有所感悟。这里的"此"即指"有鸟若鹗，啄树则灿然火出"这种现象。

信心不足的"盖"

"盖"的原字是"葢",它的造型是这样的：葢。下面的 葢 表示器皿里面有东西,上面加了个 人,就像覆盖在器皿上面的护罩。这里的"盖"的意思一直沿用至今。除此之外,车顶上用以遮阳避雨的伞形的篷子也可称为"盖",这个意思现如今不怎么用了,但在文言中是常见的。例如："有赴饮夜归者,值大雨,持盖自蔽。"这位夜归者手中持的可不是什么器皿的盖子,而是雨伞。"于盖头上题'合'字,以示众。"这是讲曹操在盖子上写了个"合"字,这里的"盖"是指装饼的器物的盖子。

覆盖东西自然是一种动作,比如"盖盒子""盖被子""盖房子"等,所以"盖"又有了"遮盖"的意思,还一步一步地引申出了"压倒""胜出""崇尚"的意思,相信你能看出它们之间的那些细微的变化和关系。然而这一篇文章要重点讲的不是"盖"的这些实在意义,而是它在文言中被"盖住"后信心不足的表现——因为被盖住了,所以对事情往往是不清楚的,没太有把握,只能"大概、一般"地试探着说话。"宾客盖至者数千人。"意思是来的宾客大概有上千人吧。这里表述的不是一个准确数字。

由一些条件进行推断时也会用"盖",相当于"大概因为……"的意思。例如："今诸侯之事我寡君不如昔者,盖言语漏泄。"

后来,就算对某事进行很明确的描述,人们也习惯性地在前面加个

"盖"。例如：

尝贻余核舟一，盖大苏泛赤壁云。——很清楚核上刻的是什么内容。

乃悟前狼假寐，盖以诱敌。——已经明白狼假寐的原因就是为了诱敌。

再后来，当人们想发表自己的见解，但为了表示谦虚，不自以为是时，就会加上"盖"来缓和语气。例如："盖孔子尝为委吏矣，尝为乘田矣，亦不敢旷其职。""盖儒者所争，尤在于名实。""通计一舟，为人五；为窗八；为箬篷，为楫，为炉，为壶，为手卷，为念珠，各一；对联、题名并篆文，为字共三十有四。而计其长曾不盈寸。盖简桃核修狭者为之。"这些句子中的"盖"都是发表议论的起初之词。

"盖"在有些句子中也有"信心满满"的时候，这时的"盖"的含义中"大概"的意思已经很少了。例如："吾闻之周生曰：'舜目盖重瞳子。'""盖天下万物萌生，靡不有死。"

随着不断地试用，"盖"的意韵越来越丰富，甚至"盖"还会极有信心地表示"肯定"。例如："后之君子，盖亦尝有其志矣。"虽然此处的"盖"可以理解为"大概"的意思，但这句话明显是认为：后代有道德的人，也曾有过这样的志向。

总的来说，"盖"是一个不太尖锐的词。即使句子语气很强硬，用了它也能柔和起来。

婉转悠扬的"兮"

讲"兮"我们自然会想到一个与之相关的字："乎"。先来比较一下它们最初的模样："乎"的甲骨文字形是╨，"兮"的甲骨文字形是╩。发现了吗？它们最明显的区别就在于上面部分的三小竖和两小竖。它们相同的下面部分被公认为是某种吹奏乐器，有说是号角的，有说是埙、箫、笛的。

"乎"在乐器丫上加的三小竖⺀⺀⺀代表吹奏时气流通过乐器发出声音，气流比较足，声音紧急、响亮，余音不断，由此引申为呼吸或拖长声呼叫的意思。"乎"借作语气词后，所表达的情感极其丰富，整体来说是极有气势的。例如："以一击十，有道乎？""其劳苦如此，为子女者，岂可忘其恩乎？"

比"乎"的气息略显轻缓的"兮"则将"乎"上方的三竖减去一竖，气力明显减弱，比"乎"要婉转悠扬得多，所以"兮"用在句子里，句子的语气也就舒缓柔和起来。有一种说法，认为"乎""兮"的甲骨文字形的下面部分是号角，"乎"是出现紧急情况时的吹奏，"兮"是表示平安无事时的吹奏。不管怎么说，这两个字上方的竖都表示气流，也就是吹奏时上扬的声息。

"兮"会被引申用作语气词，表示感叹，相当于现在的"啊"，例如：坎坎伐檀兮，置之河之干兮。——砍伐檀树声坎坎啊，棵棵放倒堆河边啊。

因为极具抒情性，我们在韵文里常常能见到"兮"。它有时出现在句子中间，有时出现在句子的末尾。

当"兮"出现在句子中间时，所起的作用有很多，一来可以在诵读时让气息在此稍做停留，二来可以让前面的意境得到缠绵而悠扬的表达。比如在你诵读"力拔山兮气盖世"这句话时，你会对那拔山之力生出钦佩之情，这情感都是通过对"兮"的吟诵玩味品出来的。它就像是从乐器中飘出的一段声音，没有任何语言可以描述，但蕴含着极其丰富的情感。再如刘邦著名的《大风歌》："大风起兮云飞扬，威加海内兮归故乡，安得猛士兮守四方！"在诵读中，那份辽阔之感，那种俯瞰天下的帝王之气在"兮"字上得到了极致的渲染，如果没有它，诗的意思没有变，但绝对没有了那份气韵。

"兮"更多地会出现在句子的末尾，句子表达的意韵就有了。例如："归去来兮，田园将芜胡不归？"虽然最终的选择是"回去"，但选择之中有太多太多的犹豫和无奈，这犹豫和无奈就全在那"兮"中了。后面的"田园将芜"是逼迫陶渊明下决心的根本原因，如果没有了这个"兮"，读者就根本体味不到陶渊明那复杂的心境。

"兮"字出现频率最多的经书就是《诗经》和《楚辞》，可以毫不夸张地说，删去了这个无法用文字描述的音乐符号一般的"兮"，这两部经典就面目全非了！"兮"是多么美妙的一个字啊，让我们记住这美如音乐的"兮"。

螽斯羽，诜诜兮。宜尔子孙，振振兮。
螽斯羽，薨薨兮。宜尔子孙，绳绳兮。
螽斯羽，揖揖兮。宜尔子孙，蛰蛰兮。